なぜ、自粛警察は日本だけなのか

同調圧力と「世間」

佐藤直樹

現代書館

なぜ、自粛警察は日本だけなのか

——同調圧力と「世間」——

＊目次

はじめに

もともと日本は、同調圧力がつよい国であった。

二〇二一年ノーベル物理学賞を受賞した真鍋淑郎さんは、十月にアメリカでおこなわれた受賞記者会見で、一九七五年に国籍を米国に変えた理由について、「日本の人々は、いつもお互いのことを気にしている。調和を重んじる関係性を築くから」といい、「私はまわりと協調して生きることができない」(「ＨＵＦＦＰＯＳＴ」二〇二一年十月六日)からだと説明している。

まさにここで真鍋さんのいう「調和を重んじる関係性」というコトバが、伝統的に日本の人間関係を支配してきた同調圧力のことだ。ここで同調圧力とは、「少数意見をもつ人、あるいは異論を唱える人にたいして、暗黙のうちに周囲の多くの人と同じように行動するよう強制すること」と定義できる。

そして時あたかも、二〇二〇年以来三年にわたり全世界の風景を一変させた、新型コロナウイルスのパンデミックである。

たしかに新型コロナ禍は一種の「非常時」であるといっていいから、日本以外の他の国でも大なり少なり同調圧力はあった。しかし、他国ではまったく登場しなかった「自粛警察」や「マスク警察」に象徴されるように、日本の同調圧力のヒドさは世界的にみても突出していた。日本は、コロナ禍であたかも同調圧力の陳列室のようになったのだ。

いったいなぜ、こんなヒドイことになったのか?

私の答えは簡単で、それは、現在では、海外とくに欧米には存在しない「世間」が日本にはあるからだ。歴史的・伝統的な「世間」が、これまでも日本の異様な同調圧力を生み出してきたのだが、この新型コロナ禍で「世間」が凶暴化したといえる。

ところで、私の本はこれまで売れたためしがないのだが(きっぱり)、二〇二〇年八月に出た劇作家の鴻上尚史さんとの共著『同調圧力―日本社会はなぜ息苦しいのか―』(講談社現代新書)は五万部ほど売れた。これは明らかに、コロナ禍でおきた理不尽な現象をみて、多くの人が「この国は何かヘンだなあ」という疑問をもたざるをえなくなったからだと思う。

同調圧力が生み出す「息苦しさ」や「閉塞感」は、きわめて独特のものだ。作家の辺見庸さんが、これを「ねとねとと絡まりあう菌糸のような発酵と生成の見えざる力」と表現したことがあった(辺見庸『不安の世紀から』角川文庫、一九九八年)。まさに菌糸のように増殖し、これに囚われていること自体に気づくことすら難しいし、ましてやこれに抵抗したり反抗するのは至極の技である。

私たちは、好むと好まざるとにかかわらず、所与のものとして、学校や職場やサークルやご近所など、さまざまな「世間」に所属している。本書ではまず、「世間」があることで、どのように同調圧力が生まれるのかという、私たちの生活世界に組み込まれたメカニズムのあり方を解析してみたい。

さらにもう一つ。じつは歴史的にみれば、コロナ禍で露出した日本独特の同調圧力は昔からあったものだが、私の考えでは、一九九八年あたりをターニング・ポイントにして大きく変化し、これぐらいから「息苦しさ」や「閉塞感」をつよめてきた。

その背景には、〈後期近代〉の時代への突入による「再埋め込み」によって、日本で「世間」が復活・肥大化したことがある。日本ではこの時期から、いわゆる「保守化」がはじまる。本書では、この時期に「世間」がなぜ抑圧性をつよめ、同調圧力が増大したのか、ここ二十年ぐらいの歴史的背景についても考えてみたい。

以上のような観点から、本書では徹底的に「世間」の正体を明らかにしたい。そのために、一で、日本の「世間」には、同調圧力をかけてくるどのようなルールがあるのかについて概略的にのべたい。二では、昨今の新型コロナ禍があぶり出した同調圧力の諸相について、少しまとめて論じてみたい。三では、ここ数年のアクチュアルな課題として、「小室さんバッシング」というコトバに象徴されるような、同調圧力と天皇制の問題を考える。

さらに四では、〈後期近代〉というこの時代において、「親ガチャ」というコトバをめぐって、とくに若者のあいだでいかに「宿命主義」という同調圧力が強まっているかについて考えてみたい。最後の五では、〈後期近代〉への突入以降目立っている自暴自棄による「ヤケクソ型犯罪」の背景にも、「世間」の復活・肥大化による同調圧力のつよまりがあることを明らかにしたい。

「世間」のもつメカニズムや歴史を知ることは、私たちにとってとても大事なことだと考える。なぜなら、この「世間」の同調圧力と徹底抗戦するにしても、みてみぬふりをするにしても、面従腹背するにしても、ばっくれるにしても、とにかく「世間」の正体を知る必要があるからだ。

「世間」の正体を知った上で、同調圧力を少しでも弱めるためにはどうすればよいのか。ポイントは、いま「世間」が肥大化し、そのことで社会が消滅しつつあることである。とすれば、必要なのは、「世間」の肥大化を阻止し、社会を取り戻すことである。本書では、その具体的な方策についても言及したい。

一、同調圧力をかけてくる「世間のルール」
——日本の「息苦しさ」の根底にあるもの——

「世間」にはきわめて細かな「世間のルール」が存在する。これが同調圧力となって、日本人は「世間のルール」をごく几帳面に守っている。そうしなければ、「世間」から排除されるからだ。ここではまず、どんなルールがあるのかを考えてみよう。

同調圧力の根源にある「世間」

「世間」とは、ある種の人間関係のあり方のことだ。このコトバは古くは『万葉集』に登場する。たとえば、山上憶良の有名な「貧窮問答歌」には、「世間を憂しとやさしとおもへども飛びたちかねつ鳥にしあらねば」と、世間を「よのなか」と呼ばせているが、「世間」が登場する。意味も現在のものとほとんど変わらない。

極端にいえば、これほどスマホが発達し、人間関係のコミュニケーション手段が進化しているにもかかわらず、日本人の人間関係のつくり方は一千二百年以上変わらないといえる。あとでのべるように、これは「社会」という人間関係のつくり方とは明確に異なっている。この意味でSNSとは、Social Networking Service ではなく、SEKEN Networking Service と言い換えられるべきだと思う。

私たちは「世間を離れては生きてゆけない」と思っているために、「世間」を所与のものと思っており、この「世間」から逃れることはできないと信じている。意識するかしないかはべつとしても、日本人は確実に「世間」にがんじがらめに縛られている。

しかも重要なのは、どこの国にも、そうした人間関係が存在すると考える向きが多いかもしれないが、現在では、海外、とくに欧米には「世間」が存在しないことだ。ここで「現在では」とつけ加えたのは、あとで説明するが、じつはかつてヨーロッパでも「世間」が存在したことがあったからだ。

もともと私は九州の大学で、四十年近く日本国憲法を含む法律学を学生諸君に教えてきた真面目な（?）法律学者であった。だが、ある日ふと、「日本人は根本的に、法律を信じていないのではないか」ということに気がついた。これはよく考えてみると、法律学者としては「自己否定」に近いものであって、自分のガクモンのレーゾンデートル（存在基盤）をガラガラと切り崩すような、かなりヤバイ話ではあった。

もちろん、近代国家たる日本に法律はある。法律は真面目に遵守しなければならないと、ほとんどの人間は思っている。ただし、「法のルール」が発動する場面は、「裁判沙汰」や「訴訟沙汰」といった言い方があるように、あくまでも例外的なものであり、私たちの日常を支配するのは、べつのルール、つまり「世間のルール」である。

そう考えるようになったのは、法律学で最も大事な概念は「権利」や「人権」なのだが、そもそも私たちの日常のなかで、このコトバを使うことはめったにないからだ。また、そういうことを「世間」で正面から主張したりすると、「青二才の戯れ言」と冷笑されたり、まあ最近のコトバでいえば、「ポリティカリィ・コレクトネスですね」などと、苦笑いされたりするからだ。

そうしたときに出会ったのが、歴史学者の阿部謹也さんだった。阿部さんはもともとドイツ中世史の専門家なのだが、三十年ほど前に日本で初めて、『西洋中世の愛と人格―「世間」論序説―』（朝日新聞社、一九九二年）という本のなかで、ヨーロッパ産の「社会」と、日本固有の「世間」がまったく違うことを明らかにし、「世間」についての学問的考察の必要性を説いたのだ。

これに関連して、阿部さんの議論が、たんなる「日本特殊論」の亜流にすぎないと批判されることがよくある。しかし私は、数多の他の「日本特殊論」と彼の議論は決定的に違うと思っている。なぜなら、それが画期的だったのは、ヨーロッパでも「世間」のような人間関係が十二世紀前後まで存在したが、それがその後societyたる「社会」にしだいに変わったことを、歴史的に初めて明らかにしたからだ。

そのきっかけとなったのが、キリスト教の「告解」の普及と、農村から都市へ人口が流入する「都市化」による、individualたる「個人」の誕生である。

「告解」は教会で自分の罪を神に告白することだが、神に向かって（実際には司祭に向かって）自分の内面をプレゼンテーションすることで、個人が形成された。ヨーロッパではこの個人が、「法のルール」（ルール・オブ・ロー）が支配する社会をつくることになったのだ。

ここはきわめて大事なポイントなので、少し詳しく説明しよう。

このヨーロッパにおける「告解」の普及のもつ意味について、哲学者のM・フーコーはつぎのようにいっている。

個人としての人間は、長いこと、ほかの人間たちに基準を求め、又他者との絆を顕示することで（家族、忠誠、庇護などの関係がそれだが）、自己の存在を確認してきた。ところが、彼が自分自身について語り得るかあるいは語ることを余儀なくされている真実の言説によって、他人が彼を認証することとなった。真実の告白は、権力による個人の形成という社会的手続きの核心に登場してきたのである。(ミシェル・フーコー『性の歴史I 知への意志』渡辺守章訳、新潮社、一九八六年)

ここでいわれているように、「ほかの人間たちに基準を求め、又他者との絆を顕示すること」をやってきたのが、かつてヨーロッパにも存在した「世間」のことである。また「真実の告白」といっているのが、十二世紀前後に普及した「告解」のことである。

阿部さんはこれを、「告白の中で個人は自分の行為を他人の前で語らねばならないのである。自己を語るという行為こそ、個人と人格の形成の出発点にあるものだからである」という(『西洋中世の愛と人格』)。神(じっさいには他者)の前で自分の内面を告白することによって、自己を反省的にみつめることになり、そこに個人が生まれたのだ。

これをべつなコトバでいえば、「主体」が形成されるということでもある。しかしここで注意しておきたいのは、この「主体」化がたんに人間の自律を意味するだけではなく、真理や権力に服従するというまったく逆の側面をもっていることだ。

フーコーはこのことを、「そこに産み出されたのは、人間の《assujetissement》〔服従＝主体―化〕に他ならなかった。人間を、語の二重の意味において《sujet》〔臣下＝服従した者と主体」として成立させるという意味においてである」と指摘する（『知への意志Ｉ』）。

英語で「主体」は subject であるが、面白いことに、じつは be subject to ～は「～に服従する」という意味になる。これは「主体」化のプロセスが、同時になにものかへの「従属化」であることを示している。つまり「服従＝主体―化」ということになる。

ようするに、ヨーロッパで個人が生まれたということは、それが同時に真理との関係、権力との関係への服従を意味することになる、ということだ。したがってこの点では、「告解」が生み出した個人が存在しない日本では、人は「世間」に服従することになるが、キリスト教が支配する欧米では、個人は真理との関係などに服従することになる、といえるだろう。

もう一つの「都市化」が個人の誕生の原動力になったのは、当時の商品経済の本格的浸透によって、自由に取引する主体、つまり「自由意思で自己決定をする個人」が必要とされるようになったからである。「自由に」というのは、当時の身分制社会にあっては、誰しも自由に取引できるわけではなかったからである。

もちろん歴史的にいえば、資本主義社会の存在が前提であるから、そこでは階級差も貧富の差もある。すべての人間が「自由意思で自己決定する個人」でありうるというのは、先ほどのべた、個人が真理や権力へ服従する「主体」になったということも考えると、ある意味フィクションであるともいえる。

いずれにせよ日本には、明治時代にこのヨーロッパ産の society が輸入され、一八七七年ごろ「社会」と翻訳された。また社会の構成要素である individual も、一八八四年ごろに「個人」と翻訳された。もちろん、江戸時代には社会も個人も存在しなかったから、それらは新たに造語されたのだ。

当時の人がエラかったのは、society が日本に入っていたときに、それをそれまであった「世間」と翻訳しなかったことだ。それは社会が、個人や人間の尊厳と一体となったコトバであることが分かったからである。

ついでにいうと、「世間」は英語に翻訳できない。world ではないし、community でもないし、もちろん society でもない。コトバが存在しないということは、少なくとも英語を使っている国では、そういう現実が存在しないということだ。

明治政府は、欧米に追いつけ・追い越せという近代化政策を取り、社会や個人を日本に定着させようとした。たしかに、政治制度や法制度や科学技術の近代化には成功した。とくに「法のルール」としては、ヨーロッパから近代法が輸入され、江戸時代にはなかった憲法などの新しい法制度が導入された。しかし、こうした制度の根底にあってそれらを支えている、肝腎の社会という人間関係の近代化には失敗した。

つまり、明治時代の近代化＝西欧化によっても、「世間」は、ヨーロッパのように解体されることはなかった。その結果、造語された当時に存在しなかった社会や個人が、その後日本に生まれ定着したかというと、それから百五十年近くたった現在でも、たぶん存在しないということになった。

たしかにコトバはある。しかしそれが、英語圏の society や individual と同じものであるかといえば、おそらくまるで違う。言い換えれば、いまでも日本では社会も個人も実体が存在せず、タテマエであることになる。ではホンネは何かといえば、伝統的に存在した「世間」こそがホンネであった。

問題なのは、明治以降、日本はタテマエとしての社会と、ホンネとしての「世間」という、深刻な二重構造に支配されることになったことである。その結果、社会を支配する「法のルール」がタテマエにすぎず、「世間」を支配する「世間のルール」こそがホンネという二重構造もできあがった。

私が「日本人は根本的に、法律を信じていないのではないか」と思ったのは、このやっかいな二重構造のもとで、「法のルール」にもとづく権利や人権が、あくまでもタテマエにすぎないことに気づかされたからである。

このことは大きくいえば、じつは日本は明治以降に、社会という〈近代〉を通過しないままに、一九九〇年代末以降の〈後期近代〉に突入したのではないかという疑いを生み出す。この問題は、きわめて深刻で根の深い問題なのだが、あとで詳しく考えてみたい。

それはともあれ、この阿部さんの一連の議論が身に滲みて分かったのは、私が一九九一年に、イギリスのエディンバラ大学の「犯罪学センター」に、客員研究員として滞在した経験が大きい。これは私にとって、ホントに衝撃的で貴重な体験だった。

ここではこのエディンバラ体験の詳細ははぶくが（私の、『「世間」の現象学』青弓社、二〇〇一年、『どんづまりの時代の眠らない思想―エジンバラの不思議な記憶と現象学―』白順社、二〇〇〇年、などを読んでほしい）、ともかくも三カ月という短い期間であったが、生まれて初めて「わちゃわちゃした」日本の「世間」を離脱して、あの世のように「静かな静かな」イギリスの社会を、身をもって体験した。

というわけで、それまで真面目な法律学者だった私は、完全にグレてしまい、法律学からばっくれることにした。「世間」のあり方を解明する必要性を強烈に感じたので、その間、まあいろいろあったが、一九九九年に阿部さんや友人たちと、「日本世間学会」というプロジェクトを立ち上げることになった。

日本における「世間学」というガクモンの正式な誕生である。世間学は生まれてから二十年以上の歴史があり、学会はいまも活発に活動を続けている（日本世間学会ホームページ https://www.sekengaku.org/)。

ところで、「世間」はきわめて古い歴史をもつために、そのなかには同調圧力を生み出す伝統的な「世間のルール」がたくさんある。また同調圧力がつよいために、私たちが「世間」という集団になったときに、その都度新しく「世間のルール」が立ち上がる。

あとでのべるように、歴史的にみると九九年の学会誕生のあたりから、「世間」が復活・肥大化しはじめ、同調圧力がつよまってゆく。タテマエとしての社会（「法のルール」）と、ホンネとしての「世間」（「世間のルール」）の二重構造が、「外部」からの指摘ではっきりと露出したのが、学会設立から十年ほど過ぎた、二〇一一年の東日本大震災のときである。

あのとき、私たちがかなり驚いたのは、大挙して被災地に入ってきた海外メディアが、現地の避難所で冷静に行動している被災者をみて、「日本では略奪も暴動もおきない」と大絶賛したことだ。これはアメリカのような欧米諸国でも、ハリケーンなどの災害がおきたときに、警察が機能しなくなると、スーパーマーケットなどがふつうに襲われるからである。

なぜそうなるのか？　海外、とくに欧米の場合に、「法のルール」に支配される社会しか存在しないために、災害などの非常時に「法のルール」が機能しなくなると、基本的に人々の行動を抑止するものがなくなり、略奪や暴動に結びつきやすいからだ。

日本でも、震災時に警察が動けなくなり、「法のルール」が機能しなくなったのは欧米と同じだった。しかし、欧米のように略奪や暴動がおきないのは、避難所で集団になった場合、そこに欧米にはない「世間」が立ち上がるために、「世間のルール」にもとづく抑止力＝同調圧力が働くからである。

ちなみにここで、欧米だってキリスト教文化があるのだから、それが略奪や暴動を抑止しないのか、という疑問があるかもしれない。これで参考になるのが、R・ベネディクトの日本は「恥の文化」だが、欧米は「罪の文化」だという議論だ（ルース・ベネディクト『菊と刀―日本文化の型―』長谷川松治訳、現代教養文庫、一九九三年）。

たしかにこの場合に、日本の「恥」というのは「世間」という集団にたいするものだから、犯罪抑止の大きな要因になる。「恥をかかないように行動する」というのが、「世間のルール」になっているからだ。

ところが欧米の「罪」は、あくまでも神との一対一の関係になる。先述のキリスト教の「告解」で語られた内容が、まさにこの「罪」のことである。とすれば、この神との個別的な関係において「罪」になるかどうかは、とりあえず「法のルール」とは関係がない。直接関係がないから、必ずしも「法のルール」に反する逸脱行為の抑止につながらないといえる。

震災時には「法のルール」が崩壊しても、日本では見事に治安が保たれた。つまり日本では、あたかも「世間のルール」が「法のルール」のように機能して、治安や安全が担保されたと言い換えてもよい。これが海外メディアから絶賛されたのだ。

私たちはこのことを、ふだんほとんど意識していない。日常生活のなかでこの構造が隠蔽され、分かりにくくなっているのは、日本は「世間」という球体に閉じ込められているために、そのなかにいる限り、「世間」を怜悧かつ客観的に対象化することが難しく、またその必要もないと思っているからだ。

ところが球体の「外部」からそういう指摘があると、「世間」に支配されていることに気づくことがある。まさに震災時の、海外メディアからの「日本では略奪も暴動もおきない」という指摘がそうだったのだ。じつは昨今の新型コロナ禍でも、同様のことがおきたのだが、それはつぎの二で詳しくのべる。

「お返し」ルールは相手に重い心理的負担を負わせる

では、日本の津々浦々で同調圧力をかけてくる「世間のルール」とは何か。ここでは簡単に、四つのルールを考えてみたい。日本の「世間」は、以下に説明するようなルールを人々に守らせることで、その求心力を保ってきたといってよい。

なお念のためにいっておきたいが、「世間」は現在、海外、とくに欧米諸国には存在しない。ゆえに、「世間のルール」も存在しない。ただし四つの「世間のルール」のうち、一部のルールが残る国はある。

しかし、世界中全部を調べたわけではないので断定はできないが、これら四つルールをあわせもつ国は、現在ではおそらく世界に存在しない。日本は、世界のなかでは、他に類例をみないようなかなり変わった国なのだ。

まず「贈与・互酬の関係」である。とりあえず簡単にいえば、「お返し」ルールと覚えてほしい。つまり、贈り物を受け取った場合、必ず「お返し」を迫られるという同調圧力が存在する。

その典型はお中元・お歳暮である。夏と冬にはデパートにずらっと商品が並び、日本中で大規模な贈与とお返しがおこなわれる。贈り物をするのは、とりあえず人間関係を円滑にする役割を果たしているが、こんな習慣をもつ国は、現在では、世界中でどこにもない。

それだけではない。結婚式のお祝いには引き出物。葬式の香典には香典返し。出産祝いなどには内祝い。旅行の餞別にはお土産。バレンタインデーのチョコにはホワイトデーのマシュマロなど。とにかく、ありとあらゆる「贈り物」にたいしては、かならず「お返し」がおこなわれる。言い換えれば、日本の「世間」では、「モノをもらったら、必ず返さなければならない」という、「お返し」ルールがあまねく普及している。

「お返し」ルールが適用されるのは、お中元・お歳暮のようなモノに限らない。ラインの既読無視（読んだのに返信しない）が問題になるのは、メールやメッセージを受け取った場合、モノをもらったときと同じように、必ずそれに返信しなければならない、というつよい同調圧力が存在するからだ。

これが同調圧力といえるような強制力をもつのは、既読無視などで「お返し」をしなかった場合に、そのことで相手から「なんて失礼なやつだ」と評価され、ひいては「世間」における自分の人格評価の低下につながるからだ。つまり、既読無視をすることで、「世間のルール」を守れない人間として低く評価され、悪くすると「世間」から排除されることにもなる。

そのため、お中元などのモノにしても、ラインのメッセージにしても、それを受け取った瞬間に、受け取った側には重い心理的負担となる。この心理的負担から解放されるためには、ただちに「お返し」をするしかない。とくに急ぎの用事でなくとも、メールやメッセージがきわめて短時間に返信されることが多いのは、この心理的負担からのがれるためなのだ。

私はかつてこれを、「〈親切―義理―返礼〉の連鎖」と呼んだことがある（『「世間」の現象学』）。私たちが誰かから有形・無形の「親切」を受ければ、そこに「義理」が生じ、その義理を果たすためには、ただちに相手に「返礼」することを迫られる。お中元・お歳暮にせよ、ラインにせよ、この連鎖が永遠に続くことになるのだ。このような「お返し」ルールは、日本人の頭のなかにしっかりと刷り込まれている。

ここできわめて興味深いのは、この「贈与・互酬の関係」が、歴史的にみると、古くには広く世界の各地でみられたことだ。文化人類学者のM・モースによれば、こうした習慣は、北西部アメリカ、ポリネシア、メラネシア、古代ローマ、古代インド、ゲルマン法、ケルト法、中国法などにみられたという（マルセル・モース『社会学と人類学』有地亨ほか訳、弘文堂、一九七三年）。

モースは、当時家族や氏族や部族などの集団の間で「贈与・互酬の関係」があり、贈り物は財産だけではなく、礼儀、饗宴、儀式、軍事的奉仕、婦女、子供、

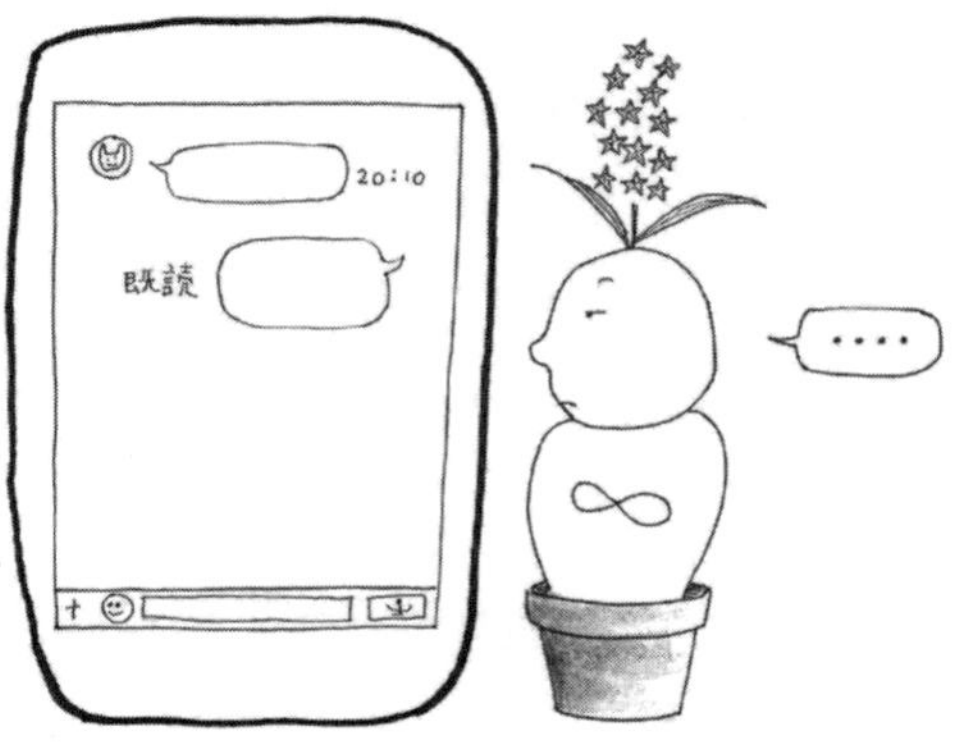

返礼、祭礼、市なども含まれる。しかもそれは、「義務的に与えられ、受け取られ、返礼されるシステム」、つまり「《提供、受容、返礼の三つの義務》を伴う交換現象」だという。

私たちがいま、贈り物を受け取った場合、心理的負担を感じるのは、モースがいうように、「贈与・互酬の関係」において、まさに返礼の義務を負わされるからである。世界的にみて、この起源はきわめて古いことが分かる。

ところが面白いことに、ヨーロッパでは「世間」が消滅し、社会に代わりはじめた十二世紀前後に、この「世間のルール」としての「贈与・互酬の関係」が否定されてゆく。その契機になったのはキリスト教の全ヨーロッパへの普及だ。

たとえば、『新約聖書』のルカ一四章では、宴会を催すなら友人、兄弟、金持ちの隣人などを呼ぶのではなく、貧乏人や身体に障害のある人を呼びなさい。なぜなら、貧乏人などは返礼ができないからだ。そうすればあなたはさいわいになるであろう、という。

この部分は一見、キリスト教の博愛主義の教えのように解釈されるが、そうではない。これは当時、ゲルマン社会にあった「贈与・互酬の関係」である、現世における「お返し」をやめさせ、じつは本当の「お返し」とは、来世において天国にゆける（さいわいになる）ことだ、ということを示したのだ。

阿部さんはこれを、現世の贈与慣行に神を介在させようとしたという意味で、「贈与慣行を転換させた」という（阿部謹也『ヨーロッパを見る視角』岩波書店、一九九六年）。ヨーロッパでは、贈与慣行が転換されることで教会への莫大な寄進を導き、それが現在における博物館や美術館などの施設やボランティア事業への寄付につながる。現世にある贈与慣行を否定することで、それがヨーロッパにおける「世間」の消滅と、社会の誕生の原動力になってゆくのだ。

現在の欧米社会では、見返りを求める現世の「贈与・互酬の関係」は、その一部を誕生日やクリスマスのプレゼントに残すだけで、あるとしても寄付などに象徴される「無償の贈与」に代わった。日本では「タダより高いものはない」といわれるように、「見返り」のない贈与はありえないので、「お返し」が見込めない「無償の贈与」である寄付文化がなかなか育たないのだ。

「世間」が「贈与・互酬の関係」の原理で動いているのにたいして、社会の原理は資本主義的な原理としての「等価交換の関係」である。社会は「法のルール」からできあがっているので、これはたとえば「契約関係」としてあらわれることになる。

最近、資本主義的な「等価交換」原理（市場経済）の行き詰まりから、たとえば思想家の山田広昭さんのように、モースの贈与論の再評価の動きがある（山田広昭『可能なるアナキズム—マルセル・モースと贈与のモラル—』インスクリプト、二〇二〇年）。山田さんは、「贈与・

互酬の関係」は人を縛ってしまう「毒性」をもつが、同時に市場経済を批判的にとらえる視座をもつようなものとして、つまり両義的なものとして再構成しようとしている。日本は先進国のなかでは、きわめて古い「贈与・互酬の関係」を残す特異な国であるという点で、この山田さんの議論は、世間学の立場からはとても興味深い議論だといえる。

「先輩・後輩」ルールは先輩へのゼッタイ的服従を強いる

二番目は「身分制」のルールである。これは、「世間」のなかに年上・年下、目上・目下、先輩・後輩、格上・格下など無数の上下関係の序列があり、これを遵守しなければ「世間」から排除されるという、つよい同調圧力をともなっている。

私たちは、この上下関係を意識しないと生活してゆけない、という同調圧力につねにさらされている。つまり学校のクラブ活動でも仕事の上でも、先輩のいうことはゼッタイで逆らえないのだ。とりあえずは、これを「先輩・後輩」ルールと呼んでおこう。

その程度のことなら、どこの国にでもあるのでは？ という疑問があるかもしれない。だがこの問題は、たとえば日本語と英語という言語の問題を考えてみるとよく分かる。「先輩・後輩」というコトバは英語にはない。概念がないということは、年齢や入学・入社年度の上下関係における序列、という現実が存在しないということだ。

端的にいって私は、日本語は「世間」を構成するコトバであり、現在の英語は社会を構成するコトバだと考えている。

じつは私たちにとって、自分の母語が何かという問題は決定的である。なぜなら、コトバはコミュニケーションの手段であるばかりではなく、モノを考えるときにはコトバを使うしかないという本質をもつからだ。思想家の吉本隆明さんは、言語の機能として、前者を「指示表出」、後者を「自己表出」と呼んだ（吉本隆明『定本　言語にとって美とはなにかⅠ〜Ⅱ』角川ソフィア文庫、二〇〇一年）。

つまり言語は、何かを指し示す「指示表出」という機能とともに、認識する対象を構成し、思考する上でゼッタイに必要な、「自己表出」という機能をもっている。そのため使う言語が異なれば、そこでみえている世界は完全に違うはずである。

この点について、精神医学者の木村敏さんがきわめて面白いことを指摘している。

西洋人のものの見方、考え方と、日本人のそれとの間には、どのような努力によっても埋めることのできない、決定的な断絶がある。この断絶は、日本人が日本語を用いることをやめ、あるいは西洋人が自国語を話すことをやめたときに、はじめて解消されうるような断絶である。西洋の思想は日本語によっては絶対に表現できないし、日本的な物の考え方は西洋語を用いては絶対に伝えることができない。

（木村敏『人と人との間—精神病理学的日本論—』弘文堂、一九七二年）。

ここでは、木村さんのいう、西洋人と日本人とのあいだの「決定的な断絶」が重要なポイントだ。コトバを尽くせば、この「断絶」は埋めることができると考える人もいるかもしれない。けれど、たとえそこに翻訳が介在したとしても、日本語と英語、すなわち「世間」と社会の間には、埋めようのない「断絶」があると考えるしかないのではないか。

例を挙げてみよう。日本語の一人称・二人称は、「ぼく」「おれ」「私」「おまえ」「きみ」「あなた」など山のようにある。ところが英語の一人称・二人称のＩとＹＯＵは、たった一種類しかない。

日本語で一人称・二人称がたくさんあるのは、つねに会話の相手との上下関係の身分を意識しなければならないので、この上下の身分や序列にしたがってコトバを変える必要があるからだ。私たちは、この使い分けを会話のたびに、アタマのなかで瞬時におこなっている。加えて、日本語には丁寧語・尊敬語・謙譲語の敬語があるため、上下関係におけるコトバの使用は、もっと複雑になる。

これにたいして英語の場合、相手が家族であろうと、友達であろうと、大統領であろうと、IとYOUだけのタメロでよろしい。英語でも多少丁寧な言い方はあるが、日本の敬語のような極端に異なる表現はない。コトバの使い分けをする必要がないのは、少なくとも英語圏においては、日本のように「世間」が存在せず、「身分制」のルールがないからである。

すなわち、欧米では社会のなかで、「法の下の平等」という「法のルール」が貫徹しており、コトバの上での平等はそれを示している。もちろん欧米でも、人種・民族・宗教などをめぐって深刻な差別が存在する。しかし日本と違うところは、この「法の下の平等」にもとづく権利や人権という武器で、差別や人権侵害と闘うことができることだ。それによって差別が解消され、権利や人権が確立されてきた長い歴史があるのは周知の通りだ。

もちろん日本でも、憲法一四条が「法の下の平等」を規定する。しかし「世間」のなかでは、「身分制」のルールがホンネで、権利や人権という「法のルール」はあくまでもタテマエにすぎない。そのために、ひどい人権侵害にあったとしても、欧米のように「法の下の平等」を武器に、「世間」の同調圧力と闘うことが難しい。

ところで、「法のルール」で最も大事な「権利」という概念は、individual や society と一体となったコトバで、一八八六年ごろに right というコトバを翻訳したものだ（柳父章

『翻訳語成立事情』岩波新書、一九八二年）。もちろん江戸時代には権利という概念はなかった。では翻訳当時存在しなかった right が、それから百四十年ほどすぎた現在、日本に定着したかといえば、そうとはいえない。

英語の辞書で right をひくと、権利以外に「正しい」という意味が出てくる。つまりこれは、権利をもっているだけで、無条件に「正しい」ということだ。つまり英語圏では、「権利＝正しい」という意味内容になる。しかし日本では、誰かが自分の権利や人権を主張した場合、「あいつは権利ばかり主張するイヤなやつだ」とか、「権利には義務がともなう」とか、「ポリ・コレですね」などと、嫌味をいわれることが多い。

ようするに現在においても日本では、「権利＝正しい」という right 本来の意味では使われていないのだ。なぜなら、「世間」においては「身分制」という「世間のルール」がホンネであって、「法のルール」である権利は社会に属する概念なので、完全にタテマエにすぎないからだ。

「身分制」は、上下関係の序列を生むから、当然それは差別の温床となっている。たとえば、日本は圧倒的な男尊女卑の国といってよい。「世界経済フォーラム」が毎年公表している、男女の格差を示すジェンダーギャップ指数は、一四六カ国中一一六位（二〇二二年度）と、Ｇ７の国では最下位である。

しかし、いくらこのヒドさを「世界経済フォーラム」のような「外部」から指摘されても、これは自戒を込めていいたいが、とくに男性諸君にはまるで実感がない。「世間」に「身分制」のルールという同調圧力があり、上下の序列をつくることによる差別や人権侵害があまりに日常的すぎて、差別の実態が隠蔽されみえにくくなっているからだ。

「出る杭は打たれる」ルールは「個人」をつぶす

三番目は「共通の時間意識」のルールである。「世間」は「同じ時間を生きている」という意識に支配されている、ということだ。これにたいする社会のルールは、個々バラバラな、individualとしての「個人の時間意識」である。

「はじめに」で引用したように、真鍋さんはこれを、「日本の人々は、いつもお互いのことを気にしている。調和を重んじる関係性を築く」という。お互いのことを気にするがゆえに、そこには「みんな同じ」でなければならないという同調圧力が生じ、それに反すると「出る杭は打たれる」ことになる。

日本の職場では勤務時間が終わっても、上司や同僚がまだ仕事をしていると、「空気読めよな」という同調圧力が生じ、帰りにくくなって「つきあい残業」となる。仕事の内容がどうかよりも、同僚と意味もなく「時間を共にする」ということを強要されるからだ。

十割消化の欧米とは異なり、職場で年休が取りにくいのも同じである。これは、無意味なばかりではなく、有害としかいいようがない「謎ルール」なのだが、とりあえずここでは、このルールを「出る杭は打たれる」ルールと覚えてほしい。

ここでのポイントは、「共通の時間意識」のルールのもとでは、individual たる個人はつぶされるのでなかなか存立できない、ということだ。

個人というコトバは、いまではごくふつうに使われるコトバだが、それは翻訳元の individual とは似て非なるものである。つまり語の本来の意味で使われていない。だから、個人は現在でも日本に存在しない。存在しないために、「空気読めよ」という同調圧力が容易に生み出されるのだ。

個人は日本人にとっては、ひじょうに分かりにくいやっかいなコトバだ。だがヨーロッパでは、十二世紀前後に生まれたというのが定説になっている。『個人の発見』（コリン・モリス『個人の発見　1050-1200年』吉田暁訳、日本基督教団出版局、一九八三年）を書いたC・モリスは、この本の冒頭で、ヨーロッパ生まれの個人を最もよく示すものとして、つぎのようなW・H・オーデンの詩を引用する。

私の鼻先三〇インチに、
私の人格の前哨線がある。
その間の未耕の空間は
私の内庭、直轄領
枕を共にする人と交わす
親しい眼差しで迎えない限り
異邦人よ、無断でそこを横切れば
銃はなくとも唾を吐きかけることもできるのだ。

（『西洋中世の愛と人格』訳は阿部謹也による）

オーデンは一九〇七年にイギリスに生まれ、のちにアメリカに移住し、一九七三年に亡くなった二十世紀の代表的詩人である。それにしても、じつに奇妙な詩だ。

個人の範囲（人格の前哨線）が三〇インチ（約七六センチ）であり、そのなかに入れるのは恋人（枕を共にする人）だけで、他人が勝手に侵入してきたら、銃で撃たなくともつばを吐くことはできる、というのだ。毎日の満員の通勤電車で隣の人と距離が一〇センチが日常の日本人にとっては、およそ考えられないような他人との距離感覚である。

昨今の新型コロナ禍では感染予防のため、お互いに二メーターの距離を取れという意味で、「ソーシャル・ディスタンス」ということがいわれた。「社会的距離」と訳されずに、英語がそのまま日本語になっているが、たぶん多くの日本人にとっては「なんのこっちゃ?」と、かなり意味不明で、分かりにくかったのではないか。

ところが欧米人にとっては、「社会的」という場合の距離感覚はきわめてはっきりしている。なぜなら、社会は個人から構成され、その個人の距離とは、オーデンのいうように三〇インチだからだ。二メーターといえば、個人の範囲の約二～三倍ということが、肌感覚としてはっきりと分かったはずだ。

日本でこれが「なんのこっちゃ?」になるのは、「世間」には個人が存在しないために、輸入された「社会的距離」というコトバの意味を、欧米のように肌感覚でとらえることができないからである。

ちなみに、自民党は個人がキライなようで、二〇一二年に公表された『日本国憲法改正草案』では、「幸福追求権」を規定する憲法一三条の「すべて国民は、個人として尊重される」の「個人」を、「全て国民は、人として尊重される」と、わざわざ「人」に変えている。

その理由は、「個人主義を助長してきた嫌いがあるので」ということらしい(『朝日新聞』

二〇一四年十一月二十五日）。一般的にいえば日本では、個人も個人主義も、「自分の都合ばかり主張する勝手なやつ」とみなさることが多く、あまりいい意味では使われない。つまり個人であること自体が、「出る杭は打たれる」ルールに反する態度とみなされるのだ。

ところで十年ほど前に、ハーバード大学のマイケル・サンデル教授の『ハーバード白熱教室』という法哲学の授業が、日本でもＮＨＫなどで放映され話題になった。驚くのは、彼の授業では、サンデル先生の質問にたいして、教室の学生たちはみんな競って、「はい！」「はい！」と手を挙げて積極的に答えていることだ。

日本のふつうの大学のふつうの教室で、こうした授業ができるかといえば、たぶんできない。なぜなら、学生たちは手を挙げる前に、まずまわりをみわたして空気を読み、誰も挙げていなければ、自分も挙げないからだ。

だがよく考えてみると、小学生のころは先生の質問にたいして、『白熱教室』のように「はい！」「はい！」と競って手を挙げて答えたはずだ。ところが小学校高学年から中学生ぐらいになれば、手を挙げると後ろの生徒からつっつかれたりする。「生意気だ」というわけだ。

高校生ともなると、教室で手を挙げる人間は絶滅危惧種となり、大学まで来れば壊滅状態となる。なぜかといえば、教室で「悪目立ち」してはいけないからである。大学の入学式がほとんど黒のリクルートスーツ状態となるのも、同じ理由からだ。

小学生のころはまだ「世間」から自由だが、小学校高学年ぐらいから生徒は「世間のルール」を学んでゆく。クラブ活動での「先輩・後輩」ルールもそうだが、とくに、「出る杭は打たれる」ルールを学ぶことで、教室では誰も手を挙げなくなってゆくのだ。

あとで詳しく説明するが、私はこれを「プチ世間」と呼んでいる。子どもは大人の「世間」をなぞった「プチ世間」をつくるようになり、「世間のルール」でお互いを縛ったり縛られたりするようになる。学校での「いじめ」の根底には、じつにやっかいなことに、この「世間のルール」による同調圧力が存在しているのだ。

「大安・友引」ルールは「世間教」の典型である

最後の四つ目のルールは、「呪術性」のルールである。「世間」は古い歴史をもつために、日本にはたくさんの伝統的な「世間のルール」がのこっている。「大安」の日には結婚式が集中し、「友引」の日に葬式をしない、「三隣亡」の日には建前を避けるなどの、合理的根拠のない「謎ルール」としかいいようがない、俗信・迷信のたぐいがきわめて多い。

これらのルールは、法律で成文化されているわけではない。しかし、目にはみえないが

「法のルール」と同様か、あるいはそれ以上の、きわめて強い強制力をもっている。これらのルールを守らないと、「世間知らず」と非難され、場合によっては「世間」から排除されることになる。

ここでは端的に、これを「大安・友引」ルールと覚えておいてほしい。

ヨーロッパでも「世間」があった時代は、こうした俗信・迷信のたぐいがたくさんあった。この俗信・迷信をつぶすためにキリスト教が採用したのが、教会の「告解」において俗信・迷信への信仰を告白させることだった。

このときに司祭がもっていたのが、何が罪になるのかが書かれた「贖罪規定書」と呼ばれるマニュアルである。性をめぐるものが多かったが、そのなかには日本の「大安」や「友引」にあたるような習慣も規定され、それに反した場合には、たとえば「パンと水だけで一カ月」という贖罪（罰）を与えられたのだ。

この「告解」によってヨーロッパでは、日本に現在あるような俗信・迷信のほとんどは、神の教えに反する「邪教」として否定され消滅していった。「世間」には「呪術性」にもとづく「謎ルール」が山のようにあるが、これを否定してできた社会は、一応「合理性」というルールが貫かれることになった。

十二世紀以前のヨーロッパでは、人々は、自分がコントロール可能な家や村などの「小宇宙」と、神々や化け物や魔物がいて、コントロール不可能な森や空などの「大宇宙」という二つの宇宙に支配されていた。

しかしキリスト教は、この二つの宇宙を否定することで、すべて神が支配する世界に一元化してゆく。合理的根拠のない「謎ルール」が否定されたのは、このためである。

日本では、十二世紀以降にヨーロッパで否定された「謎ルール」がきわめて多い。「年中行事」といわれるものがそうである。仏教徒でもないのに、夏のお盆にはお寺に墓参りをし、クリスチャンでもないのに、十二月二十四日のクリスマス・イブにはケーキを食べ、一月一日には神道の信者でもないのに、神社に参拝する。

「バレンタインデー」のチョコだって、もともとキリスト教のセント・バレンタインの殉教を記念したものが、日本の「お返し」ルールのおかげで全国的に圧倒的に普及したものだ。「恵方巻き」にいたっては、コンビニの陰謀にすぎなかったのだが、ここ二十年ぐらいの間に登場し、あっという間に全国展開した、まったく新しい宗教行事である。

これを一応、神々が複数存在するという意味で「多神教」といってもよいのだが、自分では「無宗教」だと思っている人が多いかもしれない。しかし私は日本人は、欧米人が「一神教」の信者であるのと同程度か、それ以上に信心深いと思っている。

信心深いために、「恵方巻き」のような新しい呪術的なイベントをしかけると大ヒットする。大ヒットするのは、「大安・友引」ルールが日本人のアタマのなかに強固に刷り込まれているからだ。

お地蔵さんだって、お稲荷さんだって神様だが、信心深いとはいっても、日本人の信仰の対象は一つだけでなくバラバラに分散している。やっかいなのは、この神様の一つに天皇制も含まれることだ。天皇制の問題はあとで考えてみたいが、そうした「多神教」的なものの総体を示すものとして、さしあたり「世間教」と、ここでは呼んでおこう。

日本人は「無宗教」なのではなく、邪教を認めない「一神教」の信者をのぞけば、ほとんど「世間教」の信者であるといってよい。「お返し」ルールも、「先輩・後輩」ルールも、「出る杭は打たれる」ルールも、「世間教」の教義なのだが、最も典型的なのが「大安・友引」ルールであるといえる。

二、日本は同調圧力の陳列室になった
――新型コロナ禍があぶり出したもの――

新型コロナのパンデミックは、地域によって多少のズレはあったが、ほぼ全世界同時並行に進んだ。興味深いのは、そのため、日本は同調圧力の陳列室のようになったが、それと海外、とくに欧米諸国との新型コロナ禍への対応の違いが、リアルタイムで私たちの前に明らかになったことだ。言い換えれば、「自粛警察」などの日本特有の現象が、欧米などの「外部」と比較することで、きわめてクリアにあぶり出されたことだ。

「法のルール」に頼る欧米、「世間のルール」に頼る日本

二〇二〇年春。なんだか映画でもみているような光景だ、と思った。新型コロナウイルスのパンデミックがあたりを覆い尽くし、全世界の風景を一変させたことだ。日本では

「自粛」や「要請」というコトバが飛びかい、街はゴースト・タウンのようになった。

「自粛」で私がすぐに思い出すのは、東日本大震災直後の人の姿が消えた異様な街の風景のことだ。先にのべたように、あのとき、日本の治安のよさが、被災地に大挙して入ってきた外国メディアから絶賛された。震災で警察が動けなくなり「法のルール」がまったく機能を失っても、避難所では被災者のあいだで、自然発生的に「世間のルール」が作動していたからだ。

「世間のルール」による同調圧力が作動しているがゆえに、法律で強制されたわけでもないのに、お花見をはじめとする、あらゆるイベントが軒並み中止となった。なぜか夜のコンビニの灯はうす暗く落とされた。「自粛」という日本特有のコトバは、英語に翻訳できずに、そのままローマ字で使う欧米メディアもあった。

ところで、新型コロナ禍がはじまったとき、当時米国のトランプ大統領は自分のことを「戦時大統領」と称し、当時の安倍首相はこの事態を「第三次世界大戦」だと口走ったらしい。なるほど。私たちが直面したこの未曽有の事態は、一言でいえば「戦時」といってよいのだろうと思う。

「戦時」なのだから、私権を制限する「特別措置法」も、与野党一致の「大政翼賛会体制」のもとでさしたる抵抗もなく国会を通過した。その間、「桜を見る会」問題も「森友学園」問題も、ぜんぶチャラになった。「戦時」なのだから、「国難」なのだから、「非常時」なのだから、「挙国一致」なのだから、政府批判はひかえよというわけだ。

この「戦時」にあって、海外とくに欧米諸国の対応はどうだったか。総じていえば、「外出禁止命令」と「罰則」によるロックダウンである。このように国が「命令」と「罰則」に頼らなければならないのは、端的にいって、欧米では「法のルール」にもとづく断固とした強制力がなければ、誰も政府のいうことを聞かないからだ。そうなるのは、社会が「法のルール」だけから構成されているからである。

そして場合によっては、「法のルール」にもしたがわないことがあるのは、家族との面会が制限されたことに端を発した、二〇二〇年三月のイタリアの刑務所での暴動をみればすぐに分かる。あのときは、受刑者の家族が、暴動に呼応して刑務所の外で堂々顔出しでデモをしていた。

日本でも四月に、拘置所や留置場での弁護人以外の家族などの面会が禁止されたが、こういう話は聞いたことがない。そもそも刑務所で暴動などありえないし、受刑者の家族がデモをして、メディアに顔をさらすことなどゼッタイにありえない。あとで「世間」からバッシングされる可能性があり、その種の同調圧力がつよすぎるからである。

ただし日本では、家族との面会をさせないのは筆舌に尽くしがたい苦痛だとして、面会禁止処分の撤回を求める訴訟が、東京拘置所に勾留中の被告によっておこされている。訴えは五月に東京地裁によって却下されたが、これを求めた被告は、じつは日本人ではない。ドミニカ共和国出身の外国人だそうだ。これを聞いて私は、なんだかフクザツなキモチになった。

さらに、三月に非常事態宣言下で外出禁止令が出されたスペインでは、市民が、「ペットの散歩」はOKなはずだとして、ティラノサウルスの着ぐるみの格好をして自宅から外出。道路で警官に注意されている動画が、SNSで流された。

もちろん冗談なのだが、なんたる余裕だろうか！　日本だったら、着ぐるみの人物の個人情報が特定されてネットでさらされ、「この非常時に不謹慎だ」などといわれて、バッシングされるのは火をみるより明らかだろう。この種の冗談がまず通じない日本の余裕のなさに、ちょっと悲しいキモチになったのは、私だけだろうか。

では日本では、この「戦時」にどう対応したか。たしかに日本でも「特別措置法」という「法のルール」はできたが、その内容は欧米のような「命令」も「罰則」もなく、都市のロックダウンもない、「緊急事態宣言」における「外出自粛」と「休業要請」であった。

まるで強制力のないこの政府の「自粛」と「要請」は、海外から「ゆるすぎる」とも批判された。しかし、感染の第一波から第六波をみる限り、結果的に日本は、少なくとも死亡率は、欧米より低く抑えることができている。

つまり、欧米のように「法のルール」で強制しなくとも、日本では「自粛」と「要請」で必要十分なのだ。この国では「命令」や「罰則」といった法的強制力がなくとも、人々はこれにしたがう。

なぜなのか？　いうまでもなく、「周囲の目の圧力」、すなわち「世間」の同調圧力がきわめてつよいからである。日本では強制力のない「自粛」や「要請」であっても、それを過剰に忖度し、自主規制する。まわりが「自粛」し、「要請」にしたがっている場合、それに反することをすれば、間違いなく「空気読めよな」という同調圧力がかかるからである。

これをよく示していたのが、二〇二〇年四月二十四日に全国に先駆けておこなわれた、大阪府による、休業要請に応じないパチンコ六店舗の公表である。公表も特別措置法にもとづくものなのだが、「罰則」もなく、また「命令」でもない。あくまでも「要請」であり、だから個々のパチンコ店がこれにしたがうかどうかは任意である。

しかし、大阪府が公表という強硬手段に出た背景には、府のコールセンターに、二十三日までに「休業要請の対象なのに店が開いている」「夜中まで営業している」などの通報が、なんと一二八三件も寄せられたことがあった。

つまりこの行政へのタレコミは、端的に「世間がゆるさない」ということであって、「世間」の同調圧力そのものである。「世間」には「みんな同じ」という「出る杭は打たれる」ルールがあるため、他はみんな要請に応じているのに、あの店だけ開いているのは不公平だ、と非難されるのだ。

店舗名の公表に喝采を叫ぶ向きもあろう。だが、大阪府のような行政権力が人々の憎しみを煽り、市民を相互に分断するようなことをやっていいのかと私は思う。正当な補償もなく休業を強制できるのは、行政による「世間」の同調圧力の悪用というしかない。

いずれにせよ日本では「世間」があるために、「世間のルール」があたかも「法のルール」のように機能し、欧米のような「法のルール」による、ハードな「命令」や「罰則」は必要ないのだ。

日本特有の「コロナ感染者差別」のワケ

そもそも新型コロナウイルスがきわめてやっかいなのは、無症状の感染者がかなりいて、気づかないうちにまわりに感染を拡大させていることであった。誰が感染しているかまったく分からないから、これが不安と恐怖を呼び込むことになった。

人々はお互い疑心暗鬼になり、他人が信じられなくなり、「万人にたいする万人の戦い」のなかに叩き込まれた。これはトマス・ホッブズのコトバだが、人間は法も国家もない「自然状態」になると、お互い殺し合いになるような状況になるという意味だ。

この不安と恐怖に発した、「万人にたいする万人の戦い」の状況が顕在化させたのは、日本特有の「世間」の同調圧力のつよさである。そのことを明確に示しているのが、つぎのような朝日新聞社による世論調査の結果である。

「新型コロナに感染したら、健康不安より近所や職場など世間の目の方が心配」。この気持ちに「とても」26％と、「やや」41％を合わせて67％が「あてはまる」と答えた。「あまり」23％と「全く」9％を合わせた「あてはまらない」は32％だった。

「世間の目の方が心配」な人は年代別では現役層に多く、50代以下では74％。一方60代以上では60％だった。世帯構成でも温度差があり、18歳未満の子どもがいる人だと75％に達した。職業別では、製造・サービス従事者層が76％と特に高かった。

（『朝日新聞』二〇二一年一月十日）

この「世間の目」というコトバ。日本人だったら、誰でも思い当たるふしがあると思う。

だが虚心坦懐に、冷静に、よく考えてみるとかなりヘンな話である。調査では七割近くが、コロナに感染したら、自分の健康より「世間の目の方が心配」と答えているというのだ。現役世代のほうが「心配」の割合が高いのは、「世間」の怖さをより身近に感じているからだろう。

いったいなぜそうなるのか。もちろんその答えは、匿名の「世間」による感染者や家族への、苛烈な差別やバッシングが横行したことである。これが地方であろうが、都市部であろうが、まったく場所に関わりなく、ほとんど全国レベルでおきたのだ。

たとえば、二〇二〇年三月上旬にヨーロッパへ卒業旅行をした学生が感染した京都産業大学には、「学生の住所を教えろ」「火をつけるぞ」といった内容を含む電話やメールが数百件寄せられたそうだ。

また、四月中旬には三重県で感染者や家族の家に、石が投げ込まれたり、壁に落書きされるなどの事件がおきている。日本では、あたかも病気＝悪であるとして、感染者が犯罪者のようにみなされる。そのため、ＳＮＳで感染者や家族の住所や氏名や勤務先などの個人情報がさらされた。

「世間」からのバッシングにさらされることで、感染者も家族も、引越しを余儀なくされることもある。とくに芸能人などの著名人が感染した場合に、責任があるとは到底思えないのに、感染者やその家族は「世間」への謝罪を強いられる。

さらに同月、愛媛県新居浜市の小学校が教育委員会の助言を受け、仕事で感染拡大地域を往来する運送業者の家庭の児童にたいして、自宅待機を要請していたことが明らかになった。あぜんとさせられるが、これなどは、感染者でもなんでもない家族の話で、いわば「コロナ感染の蓋然性」だけで、差別やバッシングがおきているのだ。

ところで、日本のコロナ感染者差別の特徴は、「感染した」という理由だけで差別されたり、バッシングされたりすることである。たしかに欧米でも一部で、東洋人がコロナに関連して差別を受けたことがあったが、それはもともとあった人種差別にコロナがつけ加わっただけで、日本のように感染したことだけを理由に差別されたわけではない。

漫画家のヤマザキマリさんは、日本では感染者を出すことが犯罪のようにいわれるが、

イタリアでは感染者が顔出しでＳＮＳなどで積極的に発言し、「いわゆる感染者差別というのは全くと言っていいくらい、ない。病気での差別は数百年前までのプリミティブな人間のやることだと捉えている」という（『文藝春秋』二〇二〇年七月号）。

これはきわめて興味深い指摘だ。病気での差別の一番の理由は、「世間」に「大安・友引」ルールという呪術的な意識があるために、犯罪や死や病が「ケガレ」とみなされるからである。

たとえば葬式で、受付で香典を渡すと小さな袋に入った塩をもらうことが多い（最近は葬儀社によっては、やめたところもあるが）。これは、家に帰ったときに玄関に入る前に自分に振りかけるものだ。葬式では死者と関わることになる。死は「ケガレ」とみなされるために、塩は葬式の参加者が家に入る前に、「ケガレ」を祓い・清めるという意味がある。

また歴史的にみれば、日本では病が「ケガレ」とみなされたことがある。元感染者がケガレとみなされ、長期にわたる隔離や差別などの人権侵害を受けた典型的事例がハンセン病だ。じつは感染症法の前文には、「過去にハンセン病、後天性免疫不全症候群等の感染症の患者等に対するいわれのない差別や偏見が存在したという事実を重く受け止め、これを教訓として今後に生かすことが必要である」と、はっきりとハンセン病について言及している。

にもかかわらず、新型コロナウイルスの感染拡大への対応として、罰則（過料）を新たに設けた「改正特別措置法」と「改正感染症法」が、二〇二一年二月十三日に施行された。

この法律は、入院拒否や保健所の調査拒否、また休業や営業時間の短縮の命令に応じない事業者に罰則を科すものだが、専門家などからの強い批判があり、私も新聞のインタビューでこれに大反対した（『朝日新聞』二〇二一年二月三日）。しかし改正案は、国会では与党と一部野党との「密室談合」によって、ロクに議論もされないままあっという間に成立した。

私は、どうしても感染症法に罰則をつけたいのなら、前文を削除しなければ整合性がないと思う。感染者が、現在でも犯罪者扱いされる状況下での罰則の付与は、さらに差別を助長し・拡大するだけである。ようするにこれは、ハンセン病への差別を誰も「重く受け止め」ていないし、ましてや「今後に生かす」ことなど、誰も考えていなかったということだ。

さらに日本で感染したことがまるで犯罪のようにいわれたのは、「世間」の「大安・友引」ルールによって、犯罪もまた「ケガレ」とみなされるからだ。日本で頻繁におきる、「世間」による加害者家族へのバッシングは、まさに犯罪が「ケガレ」とみなされ、犯罪者の家族も「ケガレ」とみなされるからだ。感染者が犯罪者扱いされる状況が生まれたのは、感染者も犯罪者も「ケガレ」とみなされるからだ。

そのため恐るべきことに、差別やバッシングが、感染者だけではなく、その家族や、医療関係者や運送業者といった、まったく関係ないような人にまで外延的に拡大してゆく。すべて「ケガレ」であると考えられるために、それが恐怖と不安を呼びおこし、差別やバッシングが際限なく拡大してゆくのだ。

じつはヨーロッパでも、十二世紀ぐらいまで「世間」が存在したために、「ケガレ」の意識があったと考えられるが、その後の社会の成立とともに徐々に消滅してゆき、現在ではほぼ存在しない。イタリア人が、病気での差別をするのは「数百年前までのプリミティブな人間」といっているのは、この歴史的記憶があるからだろう。

ところが日本では、この「ケガレ」の意識が現在まで連綿と存在し続けてきたので、感染者を差別しバッシングする圧倒的な同調圧力になっているのだ。これが感染者差別がおきた一つ目の理由である。

「感染したのはお前が悪い」という「自己責任論」の台頭

感染者差別の二つ目の理由は、ここ二十年くらいの日本における「自己責任論」の台頭である。

私は、のちにも触れるが、一九九八年あたりが日本社会の大きな変化のターニング・ポイントになっていると考えている。ちょうどこの年に自殺者が突如二万人台から三万人台に激増し、その後十四年間三万人台が継続する。また労働者の支払給与総額が下がりはじめ、年功序列・終身雇用制の日本的経営が崩れはじめた。

この背景にあったのが、九〇年代以降の〈後期近代〉の時代への突入による、世界的なグローバル化＝新自由主義の台頭と日本への浸透だ。あとで詳しくのべるが、A・ギデンズは〈後期近代〉の特徴を、共同体や宗教への「再埋め込み」にあるという。この変化のポイントは、「再埋め込み」である。これから何度も出てくるので、キーワードとして覚えておいてほしい（アンソニー・ギデンズ『近代とはいかなる時代か？ ―モダニティの帰結―』松尾精文、小幡正敏訳、而立書房、一九九三年）。

新自由主義は自己責任を前提とする。職場では日本的経営に代えて成果主義が導入され、労働者が互いの競争に追い込まれ、その結果うつ病や過労死が増えたが、それらも「個人の責任」だとされるようになった。つまり「うつ病になったのは、お前の精神が弱かったせいだ」というわけだ。

とくに二〇〇一年以降の、新自由主義を受けた小泉政権の規制緩和・構造改革路線では、この自己責任がしきりに強調された。〇四年にはイラクでボランティア活動をしていた日本の若者が、反政府勢力に人質としてとらえられた「イラク人質事件」がおきた。当時、小泉政権下で政府高官が口にした「自己責任論」がきっかけとなり、人質やその家族が「自分で責任を取れ」といわれ、「世間」による苛烈なバッシングにさらされた。

また二〇〇〇年前後から、この「自己責任論」の台頭を背景として、刑事司法の分野では「厳罰化」の傾向が顕著になり、裁判では死刑や無期懲役の判決が増加し、立法上でも、〇一年の危険運転致死傷罪の新設、〇五年の刑法改正で、有期懲役・禁錮の上限が二十年から三十年に大幅に引き上げられ、一〇年には殺人事件など重大犯罪についての時効が廃止された。

少年法のレベルでも、「厳罰化」がおきている。きっかけになったのは、一九九七年二月〜五月におきた「神戸連続児童殺傷事件」である。小学六年の男子の頭部を切断した上、自分が通っている学校の校門に置くという衝撃的な事件をおこしたのは、なんと十四歳の中学二年の男子生徒だった。

このころから、少年法の原則である「保護主義では甘い」という「厳罰化」の声がつよまり、〇一年にはそれまでの少年法の検察官送致年齢を十六歳から十四歳に変更し、十四歳から大人と同じ刑罰を科すことができるようになった。これはあとでのべるように、

〈後期近代〉の「再埋め込み」によって、子どもの「小さな大人」化が進み、大人と同じように子どもも処罰せよ、という「厳罰化」の空気が「世間」でつよまったためである。

さらに、のちに詳しく触れるが、犯人に措置入院歴があった二〇〇一年の「附属池田小事件」をきっかけとして、触法精神障害者への「厳罰化」の声が高まり、日本で初めての保安処分制度といえる「心神喪失者等医療観察法」が〇五年に施行された。

しかしこの間に、少年犯罪を含めて、犯罪率の上昇などの治安の悪化があったわけではない。たとえば殺人の犯罪率は、現在では一番多かった一九五〇年代の五分の一～六分の一ぐらいで、戦後一貫して減少している。しかもいま、この犯罪率は、先進諸国のなかでダントツに低い。意外に思われるかもしれないが、現在という時代は歴史上、最も治安がよく最も安全な時代だといえるのだ。

にもかかわらず、「厳罰化」がおきたのだ。犯罪がおきる社会的背景を完全に捨象した上で、犯罪をおかすのは自己責任だとして、「世間」が犯罪者に対してきわめて不寛容になっていったのだ。

私はこれらの変化は、日本が〈後期近代〉に突入し、日本で連綿と続いてきた「世間」が復活・肥大化した結果として、欧米流の「強い個人」を要求する新自由主義の無理難題に逆切れし、同調圧力をつよめた結果だと考えている。その抑圧性を象徴するコトバが、社会的弱者へ投げつけられた自己責任であった。

感染者がネットなどで叩かれ、「こんな非常時にあちこち遊び回っているからだ」などと非難され、感染したのは「自業自得」だと中傷された。匿名のネットユーザーによって、SNSに個人情報がさらされ、個人が特定され、バッシングを受けた。

つまり「感染したのは自業自得で、お前が悪い」というわけだ。この自業自得というコトバこそ、この二十年の間に席巻した自己責任を日本流に言い換えたもので、感染者を非難する一種の呪文となったのだ。

「人に迷惑をかけるな」という呪文のようなコトバ

そして、感染者差別の三つ目の理由は、「人に迷惑をかけるな」という、呪文のような「謎ルール」の存在である。つまり、コロナ感染は明らかに「人に迷惑をかける」行為なのだ。

これはまあ、私もそうだったが、日本人は家庭で、親から「人に迷惑をかけない人間になれ」とか、「人さまから後ろ指をさされない人間になれ」といわれて育つ。これが個人の存在が前提となる欧米だったら、「他人とは違う個性的な人間になれ」といわれて育ってくるところが、日本とまるで違う。

日本でそうなるのは、家族が「世間体」というコトバに象徴されるように、外部の「世間のルール」にいつも縛られていて、それを常に意識させられているからである。そのため子どもが、「人に迷惑をかけるな」という「世間のルール」に反する行動を取ることを、親は最も恐れているのだ。

この呪文のようなコトバがくり返されると、そのうち、世の中で一番いけないことは、「人に迷惑をかけること」だと刷り込まれることになる。もちろん、殺人や窃盗や債務不履行など「法のルール」に反するような違法行為も、「人に迷惑をかける」行為であるから、「世間のルール」に反する行為以上につよく非難される。

しかし、「人に迷惑をかけるな」という「世間のルール」がやっかいなのは、「法のルール」が成文化され、何がルールに反する行為なのか明確であるのにたいして（刑法ではこれを「罪刑法定主義」という）、何が「迷惑をかける」行為なのかが、明確ではないことだ。

たとえば、J・S・ミルは「自由論」のなかで、次のようにのべている。人類が、個人的にまたは集団的に、だれかの行動の自由に正当に干渉しうる唯一の目的は、自己防衛だということである。すなわち、文明社会の成員に対し、彼の意志に反して、正当に権力を行使しうる唯一の目的は、他者にたいする危害の防止である、と（関嘉彦責任編集『ベンサム／J・S・ミル（世界の名著四九）』中央公論新社、一九七九年）。

つまり自由主義の原理として、一般に、政府や世論によって禁止することが許されるのは、他人に危害を与える行為だけであるという。これだと「危害」となっていて、犯罪や不法行為なども含め、その内容は明瞭である。

だから、「危害」ならまだ分かるのだ。ところが「迷惑」となると、いったいどこからどこまでが「迷惑」な行為となるのかが、さっぱり分からない。分からないために、この「人に迷惑をかけるな」というルールは、際限なく拡大解釈されることになる。

その結果、自分の行為が、「人に迷惑をかけるな」という「世間のルール」に反していないかどうかを察知するために、いつもまわりの「空気を読んで」いなければならなくなる。先ほどの世論調査にあったように、コロナに感染するより世間の目のほうが心配、というキモチになるのはそのせいである。

まさに新型コロナに感染したこと自体が、この「世間のルール」に反する「人に迷惑をかける」行為と評価される。ただウイルスに感染しただけで、感染者が「法のルール」に反したわけでもないのに、あたかも犯罪者のようにみなされるのは、「人に迷惑をかけるな」という「世間のルール」が、あたかも「法のルール」のように作動しているからである。

その結果、「人に迷惑をかける」行為が、世の中では一番悪いことだと信じているために、感染者をネットで叩くことに、なんの躊躇もなくなる。ネットの匿名性がそれを加速させる。感染者にたいする差別やバッシングの根底には、この「人に迷惑をかけるな」という「世間のルール」が存在しているのだ。

「自粛警察」とはどんな人たちなのか

二〇二〇年に日本を席巻した「自粛警察」とは、外出や営業など自粛に応じない個人やお店に対して、非難の電話・貼り紙や行政への通報など、私的な「取り締まり」をする市民のことである。

その後、県外ナンバー車を攻撃する「県外ナンバー狩り」、お盆に帰省した人を罵倒する手紙を貼りつける「帰省警察」や、マスクを外している人を非難する「マスク警察」などもあらわれている。いうまでもないが、「取り締まり」が過激化して威力業務妨害などの違法行為になることはあるが、お店が自粛に応じないことは、なんら「法のルール」に反する行為ではない。

おそらくこの異様な現象は、他国にはみられない日本独特のものである。それにしても、ずっと気になっていたことがある。この「自粛警察」というコトバ、もともとはネットスラングらしい。たしかに、ネーミングが言い得て妙だともいえる。だがよく考えてみると、じつは形容矛盾ではないのか。

というのは、「自粛」は、するかしないかはあくまでも個人やお店の任意で、これは「世間のルール」に属する概念だが、「警察」は、法にもとづいて違法行為を強制的に取り締まるお役所であり、「法のルール」に属する概念だからだ。

つまり語の本来の意味では、「世間のルール」に属する「自粛」が、「法のルール」に属する「警察」につながるはずもなく、これは形容矛盾以外の何ものでもない。「自粛」を強制する「警察」など原理的にありえないからだ。この点では「自粛命令」というのも同じだ。あくまでも任意の「自粛」と強制を意味する「命令」は、相互に矛盾する概念であって、この二つはつながらない。

にもかかわらず、自粛警察というコトバを誰も不思議に思わないのは、日本人は伝統的に「世間」にがんじがらめに縛られてきたので、「世間のルール」が「法のルール」と区別されず、ほとんど同じと考えられるからである。すなわち、「法のルール」に反しない行為であっても、「世間のルール」に反しているだけで、あたかも犯罪でもおかしたかのように、極悪非道の行為とみなされる。

そのため、自粛に応じない人間にたいして、法的根拠もなく、事実上の「処罰」を自粛警察がおこなっても、「世間」にはあまり抵抗感がない。その結果、「オミセ　シメロ」「この様な非常事態でまだ営業しますか?・」「自粛してください。次発見すれば、警察を呼びます」などという非難や中傷が席巻することになったのだ。

では、自粛警察とはどんな人たちなのか? なにかふだんから乱暴だったり、凶暴なことを考えたりする、ヤバい人のように思われるかもしれない。だがそのほとんどは、きっと日ごろは職場でもご近所でも評判のいい、気配りができるやさしい人。つまり、自分の「世間」のウチでは「世間のルール」を律儀に守っている、けっこう真面目な人。ようするに、ごくふつうの人ではないのか。

たとえば、ノンフィクションライターの石戸諭さんが、自粛警察について以下のような、きわめて興味深いことを指摘している。

営業しているパチンコ店に行き、お店に来た客に「家に帰れ、この野郎」などと罵声を浴びせる動画を配信している、自粛警察を名乗るユーチューバーの「令和タケちゃん」について、「オンライン上の激しい言動と、オフラインでの生真面目さ……。彼の言動には多くのギャップがある」と。

石戸さんはタケちゃんを直接取材し、彼が建設系の会社に勤めている「どこにでもいる二十六歳の若者」であり、「勤務先にはユーチューバー活動はすでに把握されているというが、むしろ会社ではかわいがられるタイプなのだろうと思った。物腰は柔らかく、人当たりも悪くない」という（石戸諭「自粛警察―小市民が弾圧者に変わるとき―」『文藝春秋』二〇二〇年八月号）。

この「令和タケちゃん」。二〇二〇年七月にインターネットの「アベマTV」の番組に、顔出しで（ただし匿名）スタジオ出演したことがあった。じつは私もこの番組にリモート出演していたのだが、彼にたいして石戸さんと同じ印象をもった。ようするに、けっしてヤバそうな人ではなく、話好きのごくふつうの青年であった。

つまり彼は、ユーチューブ上では、他人に罵声を浴びせるちょっとヤバい人なのだが、会社という自分の「世間」のなかでは、「世間のルール」を生真面目に守る、人当たりがよい好青年である。

これに関連して、興味深い分析がある。心理学者の藤井靖さんは、自粛警察になりやすいタイプとして、①ヤケになりやすい人、②自分に自信がない人、③ストレスをため込む人、を挙げている（『FNNプライムオンライン』二〇二〇年五月十一日）。

①についていえば、あとで詳しく触れるが、面白いことに、じつに八十年以上前に書かれた『風土』（岩波書店、一九三五年）のなかで哲学者の和辻哲郎さんが、「日本の特殊な現

象としてのヤケ（自暴自棄）」を挙げ、この日本人の特徴的性格は、夏の暑熱と湿潤という「モンスーン」型の日本の風土からくると指摘している。つまりヤケになるのは、日本人の典型的な性格だというのだ。たしかに日本には、キレたりヤケになりやすい人はいっぱいいる。

②については、とくに若年層では海外と比較して、自己肯定感や自己評価がきわめて低いことが、意識調査などで指摘されている（二〇一八年内閣府「我が国と諸外国の若者の意識に関する調査」）。これは、「世間」では「出る杭は打たれる」ルールという強い同調圧力があるためで、ちょっとでも目立てば叩かれる。そのため、自己評価を下げておいたほうが、「世間」に受け入れられ、自分が生きやすいからである。

③については、日本で同調圧力が他国と比べてきわめてつよいのは、細かな「世間のルール」が山のようにあって、それにがんじがらめに縛られているからである。だから、これによるストレスのひどさは半端ではない。犯罪率が他国と比べて圧倒的に低く、自殺率が先進国中最悪なのはそのせいだ。またギャンブル依存症の有病率が世界一高いのもそうだ。ストレスが大きければ、それだけストレスもたまる。

日本人は「世間」のウチとソトでの二重人格者だ

というわけで、藤井さんが指摘している自粛警察になりやすいタイプとは、じつは典型的な日本人のタイプであることになる。したがって、誰でもなんらかのきっかけがあれば、自粛警察になる可能性があるということだ。このきっかけはなんでもよい。

実名で顔出しの自粛警察というのはあまり聞かない。行政に通報しお店に貼り紙をするのは、そのほとんどが匿名であろう。

あとで詳しく説明するが、日本人のSNSのツイッターでの匿名率は、じつに七五%を超える。他国の30~40%台と比較すると世界的にはダントツに高い。そうなるのは実名で発信した場合、内容によっては「世間」から徹底的に攻撃され、炎上するリスクを考えるからだ。この意味でたしかに匿名は、発信者を特定されないようにすることで、表現の自由を守るという側面もある。

だが、この匿名性というのがクセ者で、日本人は匿名の存在になったときにタガがはずれる。世にいう「旅の恥はかき捨て」である。つまり、ひとたび「世間」のソトに出て「世間の目」がなくなったときに、自分が所属する「世間」のウチではおよそ考えられないような、傍若無人で大胆な行動に出たりする。

山本七平さんは、これを「差別の道徳」と呼ぶ。つまり、「人間には知人・非知人の別がある。人が危難に遇ったとき、もしその人が知人ならあらゆる手段でこれを助ける。非知人なら、それが目に入っても、一切黙殺して、かかわりあいになるな」という道徳だという（山本七平『「空気」の研究』文春文庫、一九八三年）。

ここでいわれている「知人」が「世間」のウチのことで、「非知人」は「世間」のソトのことだ。日本人はもともと、「世間」のウチとソトとでべつの道徳をもつ、いわば二重人格者といえる。

日本人は二つの道徳をもつ二重人格者であるために、とりあえずのきっかけとして、「世間」のソトに出て匿名の存在になったときに、「世間の目」からはずれるため、ウチで通用する道徳に縛られなくなる。その結果、「世間」のウチでは道徳を遵守するごくふつうの人でも、お店に匿名で脅迫電話をかけたり、貼り紙をすることに心理的抵抗感がなくなるのだ。

だとすれば、ふつうの人である自粛警察が、違法行為にもなりかねない過激な行動を、「正義の制裁」などと自己正当化できるのは、いったいなぜなのか？　端的にいって、それを誘発するような空気が「世間」に充満していたからだ。

山本さんは、日本には「抗空気罪」という罪があり、それに反すると最も軽くて「村八分」刑に処せられるという（同右）。つまり、自粛にしたがわないものは、この圧倒的な空気の支配に反抗するものであり、抗空気罪という罪に該当する犯罪者となる。それゆえ、自粛警察の「正義」は、この空気の支配から正当化されることになる。

とくに日本人は、すでに触れたように、「世間」の同調圧力のつよさから、家庭で「人に迷惑をかけない人間になれ」といわれて育ってくる。これは、「人とは違う個性的な人間になれ」といわれて育つ欧米とはまったく違う。そうすると、犯罪にいたるはるか以前に、「世間のルール」に反する「人に迷惑をかける」行為が、極悪非道の行為とみなされることになる。

かくして自粛警察は、直接自分が危害を加えられたわけでもないのに、自分が「迷惑をかけられた」と思い込む。その結果、自粛に応じない「人に迷惑をかける」行為を取り締まることが、「正義の制裁」として自己正当化されることになる。

以上のように、批判を浴びながらも自粛警察がかくも全国で跳梁跋扈したのは、それを誘発する「世間」の同調圧力の空気が強大だからである。ある意味、自粛警察とは、こうした空気や同調圧力のあり方に敏感に反応する、過剰に「空気を読む」人たちのことであったともいえる。

「ワクチンハラスメント」が横行するワケ

二〇二一年の春から夏にかけて、新型コロナウイルス感染抑制の頼みの綱になった感のあるワクチン接種が、とくに職域接種の拡大によって進行した。それまでも、新型コロナの感染者が職場で「退職勧告」や「出社停止」や「異動命令」を受けるなどの、異常としかいいようがない差別や人権侵害の事例がおきていた。ワクチンの集団接種が広がるにつれて、今度は職場や学校でワクチンハラスメントが頻発した。

うーむ。さもありなん、と思う。二〇二一年五月に日弁連が、「新型コロナウイルス・ワクチン予防接種に係る人権・差別問題ホットライン」を二日間開設したところ、全国からなんと二〇八件ものハラスメントの相談が寄せられたそうだ。

それらを少し拾い出してみると、看護学生のケースでは、「実習先で接種が望ましいとなり、学校で一斉に接種を強制されている。『拒否するなら実習ができない可能性があり、単位取得できない』と言われた」。医師では、「ワクチンの安全性に疑問があり、都道府県からの接種協力要請に反対したところ、医療法人理事長から病院長を解任された」。

また介護施設職員からは、「職場から『ワクチン接種は義務的』『打ちたくないのであれば、ここでは働けない（事実上クビ）』と言われている」。医療関係者では、「職場にワクチンを『受ける』『受けない』にチェックする表が張り出されている（『受けない』にチェックできる空気ではない）」といった声が寄せられた。

いずれもたんなるハラスメントというより、退学や解任や解雇やプライバシー権の侵害など、違法行為が疑われるような深刻な問題がおきていることが分かる。つまり「法のルール」に反するような事態が進行している。ホットラインが開設されたのは五月だったが、その後、大企業や大学などでの職域接種がはじまったなかで、こうした問題はさらに増えていった。

相談を担当した川上詩朗弁護士は、「接種はだれのためにあるのか。まずは自分の身を守るためにあるはずだが、『他人に感染させないために打て』という同調圧力が働いている」と指摘する（『東京新聞』二〇二一年六月十八日）。

この同調圧力はいったいどこからくるのか？　ここでも大きな役割を果たしているのは、すでにのべたように、「人に迷惑をかけるな」という呪文のような「謎ルール」である。

日本人は、この「世間のルール」がアタマに強固に刷り込まれているために、「人に迷惑をかける」行為が、なんら「法のルール」に反するものでなくとも、あたかも犯罪でもおかしたかのように極悪非道の行為と考える。つまり誰かが「ワクチンを打たない」ということは、国や会社や学校や同僚やご近所にとって、まさしく「人に迷惑をかける」行為とみなされる。じつはこれが、ワクチン接種へのつよい同調圧力を生み出しているのだ。

一方、社会の構成原理である「法のルール」の観点に立てば、予防接種法第九条では、「接種を受けるよう努めなければならない」という「努力義務」を課してはいるが、接種はあくまでも強制ではなく、法律上は「任意」にすぎない。すなわち、接種するかしないかは完全に個人の自己決定に委ねられている。

しかし、この「法のルール」はタテマエにすぎない。国や会社や学校がいかに「接種は任意ですよ」と注意喚起したとしても、「世間」が勝手に「人に迷惑をかけるな」という同調圧力を発揮して、「空気読めよな」と、人々にワクチン接種を強制するような力学がつよく働くのだ。つまり、ホンネとしての「世間のルール」にもとづいて醸成された空気は、「法のルール」を凌駕するような巨大なチカラをもっているのだ。

ちなみに、「世間」の存在しないアメリカでは二〇二一年三月、テキサス州のヒューストン・メソジスト病院が、雇用条件として職員に新型コロナワクチン接種を義務づけた。接種しなかった一一六人の職員が、病院を相手取って義務づけは不当だとして訴訟をおこしたが、連邦地裁はこの訴えを退けたという。

また、二〇二二年一月には連邦最高裁は、バイデン政権が進めてきた、従業員一〇〇人以上の企業へのワクチン接種の義務化について、制度を実施しないよう命じた。接種義務化については、これに反対する共和党の知事らが相次いで訴えをおこしていたという。

いずれにせよ、欧米では社会しか存在しないために、すべては「法のルール」にもとづいて解決するしかなく、もっぱら紛争の決着をつけるのは裁判所である。しかし日本では、「世間のルール」が優先されるために、「法のルール」に訴えること自体が、「裁判沙汰」などと呼ばれ「世間」から非難されるところが、欧米とはまるで違うところだ。

同調圧力の根底にある「人間平等主義」

ワクチン接種への同調圧力が生まれる理由がもう一つある。

「世間のルール」のうちで「出る杭は打たれる」ルールがある。どうして出る杭が打たれるかといえば、これは社会人類学者の中根千枝さんのコトバなのだが、「人間平等主義」があるためである（中根千枝『タテ社会の人間関係―単一社会の理論―』講談社現代新書、一九六七年）。

あとで詳しく説明するが、中根さんによれば、人間には本来才能や能力の差があるのに、日本人は「みんな平等」であると考え、それを認めないというものだ。そこから、自分が他人より劣っているのは、たんに運が悪かっただけだと考えるという。まさに平等であると考えるために、「出る杭は打たれる」のだ。

そこから日本独特のねたみ意識が生まれる。「人間平等主義」のためねたみ意識がつよく、「自分は自分。他人は他人」とならず、とくに会社などでの、ワクチンの職域接種への同調圧力も、こうした意識と関係があるといってよい。

たとえば、日本独特のねたみ意識として分かりやすいのは、日本で宝くじの高額当選者が、ゼッタイに自分の名前を明かすことはないことだ。1000万円以上の高額当選者が、当選券をみずほ銀行で換金すると、『〔その日〕から読む本』という小冊子をわたされるそうだ。そのなかに、「ひとりでも人に話せば、うわさが広まるのは覚悟しよう」と書いてあるらしい。

理由ははっきりしている。人に明かせないのは、明かした途端に「なんであいつだけが」という、「世間」からのひどいねたみの視線にさらされるからだ。「人間平等主義」からいえば、隣の人間が高額の宝くじに当選することは「平等」ではないことになる。

これがアメリカあたりだと、高額当選者は堂々メディアの取材に応じ、実名・顔出しでインタビューに答えたりしている。アメリカの殺人の発生率は、日本の一五〜一七倍程度で圧倒的に治安が悪い。私などはホントに大丈夫かと思うが、これで問題ないのは、「世間」がないためにねたまれず、まわりも「よかったね」で終わりだからだ。

なぜそれでいいかというと、「自分は自分。他人は他人」という自他の区別が、はっきりとついているからだ。こうした区別がつけられるのは、アメリカには社会しかないため、それを構成するのが個人であるからだ。つまり個人は他人をねたんだりしないのだ。

この点で興味深いのは、大阪大学社会経済研究所の研究グループが、日米のグループでお金を出資して道路などの公共財をつくるゲームをしてもらい、プレーヤー同士がどんな行動を取るかで損得が決まるという実験を行った結果である。公共財であるから、自分も利益を得られるが、同時に相手にも利益があるということが、この実験のポイントである。

それによれば、日本人は他人が利益を得ようとして自分が出し抜かれることを嫌い、ただ乗りを許してはならないと考えるため、アメリカ人や中国人と比べると根っから意地悪な人が多く、自分が損をしてまで他人の足を引っ張る、と結論づけている。

これに対してアメリカ人や中国人は、「相手は相手。私は私」と考えるという。しかも、日本の社会ではみんなで仲よく協力してコトに当たっているようにみえるが、協力しないとあとが怖いからそうするのだという。

まさにこの「意地悪」の根底にあるのが、「世間」の「人間平等主義」からくるねたみ意識である。これが、昨今の日本経済の長期的低迷の大きな要因ではないかと、最近では話題になっている。

このことを強調しているのは、経済評論家の加谷珪一さんだ。加谷さんはこの大阪大学の実験結果をふまえて、つぎのようにいう。

日本人はよく他人の足を引っ張りますが、一方で、他人からの制裁を恐れ、過剰なまでに組織や上司に忠誠を誓うというケースもよく見られます。日本の長時間残業やサービス残業はその典型かもしれませんが、他人の足を引っ張る行動が、恐怖を生み出し、これが逆に組織の秩序をもたらしているわけです。

（加谷珪一『国民の底意地の悪さが、日本経済低迷の元凶』幻冬舎新書、二〇二二年）

日本では「他人の足を引っ張る」という同調圧力が、いたるところで生じる。じつは経済発展のための新しい価値を生み出すためには、同質的な集団ではダメで、価値観の異なる多様性をもつ集団が必要だ。ところが相互に恐怖をもたらすような、「出る杭は打たれる」という足の引っ張り合いは、それを阻害することになるのだ。

会社という「世間」で何が生じているか？

ここで会社をめぐる問題を少し考えてみよう。いうまでもなく、会社をはじめとする日本の組織や集団は、すべて「世間」に他ならない。だからそこには、同調圧力を生み出す独特の「世間のルール」が貫徹している。

この点でとても興味深いのは、あとでまた触れるが、〈前期近代〉と呼ばれる時代である一九七〇年代に、日本を「ジャパン・アズ・ナンバーワン」にまで押し上げた「日本的経営」の特徴が、「終身雇用制度」と「年功序例制度」にあったことだ。

このうち終身雇用制度は、欧米には存在しない「お返し」ルールにもとづくものである。すなわち、会社が福利厚生の充実などを通じて、定年まで社員の面倒をみる「お返し」として、社員は家族と離ればなれになる単身赴任といったような犠牲を払って、会社に忠誠を誓わなければならない。

年功序列制度は、年上・年下、目上・目下、先輩・後輩、格上・格下など、上下関係の序列を意味する、「先輩・後輩」ルールにもとづいている。たとえ仕事ができない先輩の給料が自分より高くとも、先輩や年上がエライので、理不尽な「謎ルール」である年功型賃金であっても抵抗感が少ないのだ。

面白いことに、電機・自動車工業など第二次産業を中心とする「モノ作り経済」が席巻した〈前期近代〉の時代においては、「世間のルール」による同調圧力の存在はプラスに働いた。そこでは、均質な製品を効率的に生産するために、空気を読んで、先輩のいうことをよく聞く、同質的で従順な、協調性のある人間が求められたからだ。

たとえば、就業時間外に実施される「自主的」な活動である「ＱＣ（品質管理）サークル」が、一九六〇年代後半以降に日本の職場で急速に広がったのは、参加しない従業員にたいして上司や同僚から、「会社への忠誠心が足りないぞ」とか「空気読めよな」といった同調圧力がかかるからである。これがトヨタなどの生産現場全体の「カイゼン」活動につながってゆき、「モノ作り」における生産性向上の原動力となったのだ。

ところが、世界的には一九九〇年代以降に、サービス・情報産業など第三次産業中心の「ポスト工業経済」、もしくは〈後期近代〉と呼ばれる時代に入り、日本経済は長期的低迷を続けている。ここ二十年以上、他の先進国が上昇し続けているのとは対照的に、日本の労働者の平均年収はほとんど横ばいである。また一人当たりのＧＤＰも、先進国のなかで順位が下がり続けている。

とくに、グローバル化による「新自由主義」の浸透によって、人々は競争に耐えうるような「強い個人」になることが要求された。職場では年功序列に代わり成果主義が導入され、人々は慣れない同僚との競争を強いられた。先述のように、一九九八年には年間の自殺者が二万人台から一挙に三万人を超え、うつ病も激増した。そうしたストレスが「世間」に蓄積されることで、同調圧力がますます肥大化していった。

いったいなぜ、このような長期的低迷が続くことになったのか？　一九九〇年代以降の世界的な〈後期近代〉への突入による、グローバル化とボーダーレス化、そしてとりわけIT化によって、イノベーションこそが産業発展の原動力となったからである。

つまりそこでは、〈前期近代〉の「モノ作り経済」の時代に要求された、同質的で従順な協調性のある人間ではなくて、イノベーションの主体となる突出した意欲や独創性をもつ個性、ようするに「個人」が必要とされるようになったのだ。

だが、〈後期近代〉の「ポスト工業経済」の時代にいたったいまでも、「世間」が消滅した歴史をもつ他の先進国とは異なり、日本では「世間」が連綿と続いてきた。それゆえに、そこに個人が生まれることがなく、ユニークな価値を創造し、イノベーションをおこせるような人材が育ちにくかった。その結果として、職場でのダイバーシティ（多様化）も遅々として進んでいない。「世間」の同調圧力の存在が、いまや日本の経済発展を阻害する大きな要因となっているのだ。

では、どうすればよいのか？　政府のいう「働き方改革」がさっぱり進まないのは、問題の深刻さが理解されていないからだ。「改革」は容易ではないが、同調圧力の根底に「世間」がある以上、組織や集団に根づく合理的根拠のない「謎ルール」を発見し、地道に廃止してゆくしかない。

イノベーションが生まれるためには、何よりも職場で多様なメンバーが個性を発揮し、自由闊達に対話できることが前提である。つまりそこでは、最近よくいわれるコトバだが、「心理的安全性」（組織やチームで立場・経験にかかわらず、率直に意見を言い合える状態）が必要になる。

たとえば、加谷さんも指摘する、日本の長時間労働の結果生まれる過労死は、そのままKaroshiと英語になっていて、日本特有の現象だといわれる。二〇一五年十二月に過労自殺した電通の高橋まつりさんは、「『年次の壁は海よりも深い』という村の掟みたいな社風を忘れて年の近い先輩に馴れ馴れしい口をきいて怒りを買ってしまい、わたしの精神がまた傷ついてしまった」（十月二十九日）と、自殺の2カ月前にツイッターでつぶやいている。

これは職場に、「年次の壁は海よりも深い」という「先輩・後輩」ルールがあるために、同僚である先輩にたいして自由な発言ができないという、「心理的安全性」を欠いた状態があったということだ。まずもって「心理的安全性」を阻害する、こうした「世間」の「謎ルール」を発見し、廃止する。ひいてはそれが、職場で自由闊達な対話ができる空気を醸成し、そこに個人や社会を生み出すきっかけになるのではないか。

ワクチン接種への同調圧力が生まれるのも、「人間平等主義」のため、ねたみ意識がつよく、「自分は自分。他人は他人」とならず、過度の足の引っ張り合いになるからだ。職域接種がさらに進めば、ワクチンを打たない人間への差別や人権侵害は、ますます深刻な問題になる可能性もある。だが持病やアレルギーに限らず、打たない理由はいろいろあるはずだ。

必要なのは、私たちがたくさんの「世間のルール」に縛られていることを自覚し、お互いの足の引っ張り合いをやめて、他者への豊かな想像力を働かせる態度だろう。

三、「小室さんバッシング」の意味するもの
―天皇制をめぐる同調圧力―

ここ数年の間に、同調圧力による「世間」のバッシングという点では、一貫してひどかったのが、秋篠宮家の長女眞子さんと小室圭さんの結婚をめぐる騒動だ。きっかけは、小室さんの母親の「金銭トラブル」を指摘する報道であった。

この週刊誌の報道によって、それまでは「婚約お祝いムード」であった「世間」の空気が一気に反転し、「母の品格」や「母の品位」が問題にされるようになり、「小室さんバッシング」に向かった。

二〇二〇年には、プロレスラーの木村花さんがバッシングの結果亡くなった。眞子さんは「複雑性PTSD」に追い込まれた。インターネットでは、「叩いてもいい人間」にたいしては、匿名による苛烈なバッシングがおこなわれる。ここでは、こうしたバッシングが続いた理由を考えてみたい。

エスカレートする「小室圭さんバッシング」

小室夫妻をめぐる問題に限らないが、ネットでの批判は、主にメディアの報道がきっかけとなる場合が多い。とくに週刊誌の報道がひどい。たとえば、小室夫妻について『女性自身』（二〇二二年三月二十二日号）は、二〇二二年二月に司法試験再受験のため、試験会場に現れた小室さんの様子をみて、NY在住の日本人ジャーナリストの、以下のようなコメントを載せている。

「〝表情が暗すぎる。試験がうまくいかなかったのではないか〟というのが、いちばん多い感想です。

小室さんと眞子さんが渡米したのは11月中旬ですが、2人で外出する姿が頻繁に目撃されていました。当時から『きちんと試験勉強をしているのか』と、心配の声が上がっていたからです。

また試験再挑戦の日、小室さんの髪はボサボサで、またおなか回りも膨らんでいました。

その姿に『とても新婚の夫には見えない。小室夫妻の関係はうまくいっていないのではないか』と、言う者も少なからずいます」

どうだろうか。髪の毛がボサボサ？　おなか回りも膨らんでいる？　容姿をあげつらっての批判が、ここでホントに必要なのだろうか。二〇二一年十月に結婚し、二二年現在ニューヨークに在住する小室夫妻は、正真正銘「一般人」になったはずだ。こうしたメディアの報道は、はっきりいって「大きなお世話」だと思う。

再受験の結果、四月には二度目の司法試験の不合格が判明した。このときの週刊誌の見出しは、「再び不合格で『ヒモ化』鮮明　『小室圭さん』詐欺的結婚へのため息」（『週刊新潮』二〇二二年四月二十八日号）であった。

ここで「ヒモ化」といっているのは、司法試験不合格でビザの問題が浮上しており、その場合、眞子さんが働いて、圭さんが「配偶者ビザ」を取得する可能性があることを示している。しかしこれも「大きなお世話」だろう。

結局、二二年十月になって、小室さんは、三度目のニューヨーク州司法試験に合格したことが発表された。語学のハンディがあり、さらに再受験者にとってかなり狭き門だったが、宮内庁関係者は、秋篠宮ご夫妻は「ほっとされていると思う」と話したという（『日テレNEWS』二〇二二年十月二十一日)。

しかしそれにしても、なぜ、婚約発表以降執拗なメディアのバッシングが続いたのか？この問題の根本には、日本における「世間」のもつさまざまな問題が伏在している。

何はともあれ、まず謝罪を求める「世間」

「世間」は個人や企業が不祥事をおこしたような場合、そのことに法的責任があろうがなかろうが、とりあえず「世間を騒がせて申し訳ありません」という、「世間」への真摯な謝罪を求める。小室さんへの執拗なバッシングが続いた一つ目の理由として、じつはこの謝罪の問題がある。

小室さんは結婚直前の二一年四月に、母親の金銭トラブルの経緯を説明するために、かなり長文の文書を発表した。ところがネットやメディアでは、「長すぎる」とか「読む気がしない」などと、まあ、ほとんど理由になっていない理由で非難するものもあった。

しかし、もっと注目しなければならない問題がある。この文書の内容をめぐってメディアが指摘したのは、端的にいって、小室さんが文書のなかで「謝罪していない」という点である。

秋篠宮家の長女・眞子さま（29）の婚約者・小室圭氏（29）が発表した金銭トラブルについての反論文書は28ページにも及ぶ。文字数は2万字を超えるが、文中で一度も使われなかった表現がある。それは「申し訳ありません」といった謝罪の言葉だ。文書の冒頭で小室氏は、《金銭トラブルと言われている事柄に関する誤った情報をできる範囲で訂正することを目的》に発表したと説明している。

訂正が目的であり、謝る必要などない。そんな判断を下したのかもしれないが、記者は呆れて言う。「小室さんは社会人経験もある、29歳の立派な大人です。ご自身の主張がどうあろうとも、文書の冒頭で『お騒がせして申し訳ありません』と、まず謝るのが常識ではないでしょうか。ところが現実は、28ページのどこを探しても、一言もお詫びの言葉を見つけることはできません。これには首を傾げざるを得ませんね」

（『デイリー新潮』二〇二一年五月四日）

たしかに小室さんは結婚前も結婚後も、この文書を含めて、眞子さんとの結婚問題をめぐって、「世間」にたいして一度も謝罪していない。だがよく考えてみると、なぜ小室さんが「世間」にたいして謝罪しなければならないのか、よく分からない。

小室さんの「母親の金銭トラブル」は、トラブルの関係者や当事者以外の誰かに具体的な不利益やダメージを与えたのか。「世間」は不利益もダメージも被っていない。だが日本では、ここで記者のいうように、小室さんは「社会人」であり「立派な大人」なのだから、「まず謝るのが常識」なのだ。

どうしてそうなるのか？　たとえば、日本で「すみません」というコトバは、謝罪以外の場面でも頻繁に使われる。心理学者の榎本博明さんは、その理由をつぎのように分析している。

日本的感覚からすれば、何かあったときには、とりあえず謝った方がいい。そうした方が、その「場」の雰囲気が和やかになって、ものごとがスムーズに運ぶ。〔略〕「すみません」で良好な雰囲気の「場」ができあがると、それを壊すような態度はとりにくくなり、「いえいえ」と言わざるを得ない空気が醸し出される。そして「いえいえ」と言うことでさらに良好な雰囲気が強化される。

（榎本博明『「すみません」の国』日経プレミアシリーズ、二〇一二年）

榎本さんのいうように、何かあったときに日本人がすぐに「すみません」という謝罪のコトバを多用するのは、場の雰囲気を和やかにし、相手がそれを壊すような態度を取りにくくして、ものごとをスムーズに運ぶためである。

日本では自分の意見を主張し合うより、まずお互いの関係を気まずくしないことや、場の空気が重視される。じつは自分の意見を貫徹するためには、やみくもにそれを主張するより、まず場の雰囲気をなごやかにすることで、相手が「いえいえ」といわざるをえなくして、自分の主張を通りやすくするという効果があるからだ。

たとえば、交通事故をおこして誰かにケガをさせたような場合でも、自分が法的に責任があろうがなかろうが、日本ではその場でただちに、相手にたいして「すみません」という謝罪が求められる。

そうしなければ、相手との関係において生じた「場の空気」や「場の雰囲気」を、壊すことになるからである。「場の空気」が壊れれば、あとの示談交渉がスムーズに進まなくなったりするのだ。つまり日本では「すみません」と謝罪をすることにたいして、心理的敷居がかなり低いことになる。

ところが欧米では、「アイムソーリー（すみません）」といった時点で、すでに全面的に過失を認めたことになる。アメリカの保険会社は、損害賠償保険に加入するドライバーとの契約書に、「事故現場では自分がどう考えるかコメントしない」という条項を盛り込んであるという。現場で謝罪すれば百パーセント責任を問われかねないからである。

では、日本では「世間」が謝罪を要求するのはどうしてなのか？　大きな事件や事故がおきたときに、「世間」の人々の共同感情が一気に不安定になる。これが俗にいう「世間をお騒がせした」という状態である。

この時点で「世間」は、心理的に自分は「迷惑をかけられた」と思っている。この不安定な状態を解消し、害された共同感情を修復し、元の安定した状態に戻す必要がある。そのために、法的責任とはべつに、「世間」は企業などにたいして、ただちに「世間を騒がせて申し訳ない」という謝罪を求めるのだ。

ところが欧米では、法的に責任があるような場合でも、企業は会見で釈明はするがめったに謝罪しない。うっかり謝罪すると、法的責任を問われかねないからだ。それでも、「アイムソーリー」といって謝罪しなければならないことがあるだろう。病院で患者が亡くなったときに、医師が家族に「アイムソーリー（お気の毒です）」というような場合だ。

そのため、たとえば米国のカリフォルニア州など多くの州では、病院で患者が死亡したさいに、医師が家族などに、「手は尽くしたが力が及ばなかった。アイムソーリー」といっても、あとで医療過誤訴訟の証拠にはしないという、「アイムソーリー法」をわざわざ制定しているそうだ。

やたらに「すみません」が使われる日本の謝罪文化は、欧米と比べるとかなり特異な文化であるといえよう。ただし面白いことに、アメリカはあまりに極端な「訴訟社会」になっており、人間関係があまりにギスギスしすぎてしまっているせいか、「アイムソーリー法」や日本の謝罪文化を支持する考えも、一部に広がっているようだ。

すでにのべてきたように、欧米には社会しかないから法的責任の有無の原理、すなわち「法のルール」で動いている。だから「法のルール」上問題があったとしても、会見でうっかりしたことはいえないから、釈明はするがめったに謝罪しないのだ。

だが、日本は社会と「世間」の二重構造になっており、「法のルール」はタテマエにすぎず、ホンネは「世間のルール」のほうにある。そして「世間のルール」においては、「法のルール」上で責任があろうがなかろうが、まず「世間にたいして謝る」ということが優先される。

小室さんは「世間」に謝罪していない。法律家である小室さんにとっては、謝罪は自分の法的責任を認める行為以外の何ものでもない、と考えたのかもしれない。もちろん、かりに「母親の金銭トラブル」が本当だとしても、それにたいする法的責任が小室さんにあるわけではない。

しかし、これはとくに日本の弁護士・検事・裁判官といった法曹関係者が、よくおちいりやすい落とし穴ともいえる。彼らは「世の中は法律で回っている」と、つまりすべては「法のルール」で動いていて、法律こそ万能であると錯覚しがちだという問題がある。

くり返すが、日本は「法のルール」が支配する社会と、「世間のルール」が支配する「世間」の二重構造からできている。しかもホンネとしての「世間のルール」が、タテマエとしての「法のルール」を陵駕することが多い。

日本では法的に責任を問う行為である訴訟が、「訴訟沙汰」や「裁判沙汰」などと呼ばれ敬遠されるのは、「法のルール」より「世間のルール」が優先されるためである。法的なトラブルを抱えていることは、それだけで、その人の主張が正しかろうが間違っていようが、「世間のルール」に反する問題行動だということになる。

「世間」を騒がすような不祥事がおきたときに、「世間」は「迷惑をかけられた」と思い込む。つまり共同感情が毀損される。これにたいして「世間に謝罪する」というのは「世間のルール」であり、法的責任の有無という「法のルール」より優先されるのだ。

おそらく小室さんが、文書のなかで一言、「世間」にたいして「お騒がせして申し訳ありません」と謝罪していれば、バッシングがこれほどひどくなることはなかったのかもしれない。としても、小室さんとしては、「世間」の空気を読んだ上で、あえて謝罪しないという選択をしたのかもしれない。

いずれにせよ、小室文書が「世間」に受け入れられなかった大きな理由として、法的な責任とはまったく関係のない、この謝罪の問題があったことはたしかである。

個人の不在と〈近代家族〉の未定着

小室さんバッシングの二つ目の理由は、日本の「世間」には「出る杭は打たれる」ルールがあり、「個人が不在」であることだ。すなわち、個人がいないために「世間」が「共感過剰」の状態になり、さらに家族のなかも個人と個人との関係にならず、家族構成員の不始末があると「家が責任を取れ」になるからだ。

もともと「世間」によるバッシングがはじまったのは、二〇一七年九月の婚約内定記者会見から三カ月ほどのちだ。元婚約者に計四〇〇万円の借金を返済していないという、小室さんの母親の「金銭トラブル」が、十二月の『週刊女性』で初めて報道された。

この報道をきっかけに、それまでの「世間」のお祝いムードが、「裏切られた」という感情にあっという間に反転し、一気に小室さんバッシングに向かったのだ。

「個人の不在」という点では、そもそも日本人は、欧米人に比べて他者にたいする共感能力が高いといわれる。前に触れたように、会社で同僚がまだ仕事をしていると、自分が終業時間になっても帰りづらくなる。時間になれば、さっさと帰宅する欧米の職場とはまったく違う。共感能力が高いために、同調圧力も受けやすいのだ。

もちろん、共感能力が高いのは日本人のよい面でもある。だが、自分とは直接なんの関わりのない、テレビの画面に登場するタレントなどの有名人についても、なぜか「我がこと」のように考え、過剰な共感能力を発揮することがある。当初好感をもってみていた人物にたいしても、犯罪や不倫などのなんらかのきっかけがあると、そのキモチが「裏切られた」となって反転し、ひどい非難やバッシングになることがよくある。

これを私は「共感過剰シンドローム」と呼んでいる。ようするに、日本人は「自分は自分。他人は他人」と思えないのだ。日本ではヨーロッパ産の個人が存在しないために、自分と他者との境界がはっきりせず、自他の関係が溶け合っている。そのためテレビの映像のなかの人物であっても距離が取れず、「自分は自分。他人は他人」と思えなくなる。

「世間」に「共感過剰シンドローム」があるために、それまでの小室さんに共感する「お祝いムード」が、あっという間に「裏切られた」というキモチに変わったのだ。

借金を返していないという元婚約者の主張に、どれだけ法的な正当性があるのかについては、私は若干疑問をもっているが、ここではおく。いずれにしてもここで重要なのは、「母親の金銭トラブル」をめぐって小室さんがバッシングされたのは、「母親の不祥事は息子が責任を取るべきだ」と、「世間」が考えるからだ。

日本では家族が不祥事をおこしたような場合、「家族が責任を取れ」と「世間」が非難し、その家族を差別したり、バッシングしたりすることがふつうだ。これが犯罪の加害者家族ともなれば、ひどい差別やバッシングがはじまり、子どもが学校の転校を要求されたり、家族がその地域からの引越しを余儀なくされたり、自殺にまで追い込まれたりする。

ところが、欧米では、個人から構成される欧米の家族をみると、日本の家族とはまったく異なっている。欧米では、かりに家族構成員が重大な犯罪をおかしたような場合でも、「家族が責任を取れ」などとはいわれない。社会が家族を強く非難したり、バッシングしたりすることはまずないのだ。

たとえば、一九九八年にアメリカのアーカンソー州の中学校（ミドルスクール）で銃乱射事件がおきたことがある。犯人の少年の実名や写真がメディアによって公表されたために、犯人の母親のもとに全米からダンボール二箱分の手紙が届いた。

その取材に日本のテレビが行った。驚くべきことに母親は実名・顔出しで取材に応じ、「その手紙の中身はなんですか」という質問に、「全部励ましです」と答えたそうだ。当時取材にあたったジャーナリストの下村健一さんは、このことに、アメリカでの取材生活で「最大の衝撃」を受けたと語っている（鈴木伸元『加害者家族』幻冬舎新書、二〇一〇年）。

いうまでもないが、未成年者の銃乱射事件という凶悪犯罪である。日本だったらどうなるかは火をみるより明らかだ。「家族が責任を取れ」と非難ごうごうになるだろうし、家族のもとには、「世間」からの脅迫やバッシングが集中するだろう。

欧米では自分の家族が犯罪をおかしたとしても、家族は自分の子どもやきょうだいや配偶者を守ることができる。家族が独立した「個人」から構成されているので、「親は親。子どもは子ども」「夫は夫。妻は妻」というように、親子や夫婦の間が、独立した人格の関係だと、社会が認識しているからだ。

お互いべつの人格だと考えるために、かりに家族の誰かが犯罪をおかしたとしても、他の家族とは関係がないとみなされるのだ。欧米で加害者家族への「励まし」という、日本では絶対にありえない感情が社会に生まれるのは、他の家族は犯罪とはまったく関係のない、その意味では被害者だと考えるからだ。

しかし、日本では「家族は一体」であるとみなされるため、犯罪の責任は家族全体に及ぶ。加害者家族支援をおこなっているWOH（ワールド・オープン・ハート）理事長の阿部恭子さんは、これを「家族連帯責任の思想」と喝破する（阿部恭子『家族が誰かを殺しても』イースト・プレス、二〇二二年）。それはあたかも、犯罪者の家族もまた責任を負わされた、〈前近代〉である江戸時代の連座責任や縁座責任の亡霊が、いまだに生き続けているかのようなのだ。

日本では「家族は一体」とみなされる。だからこそ「母親の金銭トラブル」をめぐって、家族である小室さんは「息子は責任を取れ」と非難されたのだ。これは「世間」に個人が存在しないために、家族のなかでも個人が存在せず、「自分は自分。他人は他人」という関係にならないからだ。

ところが欧米の場合には、ヨーロッパで十二世紀に成立したindividualたる個人の伝統が、家族のなかに連綿と受け継がれている。欧米で〈近代家族〉が生まれたのは、約二〇〇年前だが、この〈近代家族〉の根底には個人が存在していた。

〈近代家族〉の原理とは、ごく簡単にいえば、①公私の区別、②夫婦・親子のあいだのつよい愛情、③性別役割分業である。欧米の家族が社会と対立し、家族を守ることができるのは、競争＝市場原理が貫徹する社会と、愛情原理が貫徹する家族が、まったく位相を異にする領域だと考えられるからだ。

そもそも日本では、家族法学者の有地亨さんのいうように、歴史的に〈近代家族〉が成立したことがあったかすら、はっきりしない（有地亨『家族は変わったか』有斐閣選書、一九九三年）。この〈近代家族〉は、明治時代に日本に輸入されたが、根底にある個人や個人の集合体である社会の輸入に失敗したために、①の公私の区別も、②の愛情原理も、中途半端なままにとどまってきた。

とはいえ、〈近代家族〉の③の原理である「性別役割分業」だけは、しっかりと受け継ぎ、いまでも女性差別の根源となっている。しかも「世間」が連綿と続いてきたために、「世間体」というコトバに象徴されるように、家族はつねに公である「世間」からの浸食を受け続けて、「世間」と家族の区別があいまいなままであった。つまり①の公私の分離がはっきりしていない。

また②の愛情原理についても、つねに家族が行動の規範として「世間体」を気にしているために、愛情原理という独自の価値観を生み出せず、「世間」の価値観と対立するような家族が生まれなかった。つまり、欧米における家族と社会の明確な対立・相剋という関係は、日本では生まれることがなかった。

おそらく、日本に〈近代家族〉が成立したためしがあったのか、という問いは、じつはそもそも、日本に〈近代〉というものが成立したことがあったのか、という問いにつながる。明治以降、ヨーロッパ産の〈近代〉というものが日本に成立したとしても、それはきわめて表面的なものであったのではないか。

さらに日本は、〈近代〉が成立しないままに、「近代の果て」ともいえる、〈後期近代〉に突入したのではないか。

もしそうだとすれば、これは、私たちとってとてつもない大きな課題であるといえる。

日本の〈後期近代〉における「再埋め込み」とは何か

では、そもそも〈後期近代〉とはいったい何か。そして、それによって生じた「再埋め込み」とは何か。ここで少しまとめてのべておきたい。

まず、経済的な生産体制の側面から整理してみると、〈後期近代〉は〈前期近代〉と対比される。すでに簡単に触れたが、第二次産業を中心とする「モノ作り経済」の大量生産体制が、〈前期近代〉の時代として特徴づけられる。日本の一九七〇年代の高度経済成長期を中心とする時代がこれである。

ところが、世界的には九〇年代以降の〈後期近代〉の時代になると、サービス・情報産業などの第三次産業中心の「ポスト工業経済」にはっきりと転換する。日本ではこれが高度消費社会を成立させ、一九九八年あたりを境にして、グローバル化として本格的に展開することになる。これがさまざまな矛盾や問題を生んだことは、すでにのべた通りである。

つぎに、前述のギデンズのいう「埋め込み」「脱埋め込み」「再埋め込み」というべつの視点から整理すると、今度は〈後期近代〉は、〈前近代〉や、前述の〈前期近代〉も含む

〈近代〉との対比になる。〈前期近代〉までは〈近代〉の延長線上にあるが、〈後期近代〉とは、〈近代〉とは質的にかなり異なる時代であることになる。

すなわち、後述するように、〈前期近代〉を含む〈近代〉は、つねに山を登りつつあるような、右肩上がりの成長期である。ところが、〈後期近代〉になると、山を登り切って成長が見込めなくなる、平坦な安定平衡期としての高原期に突入する。いま私たちが直面しているのは、この〈後期近代〉という歴史的段階なのだ。

さて、ヨーロッパにおいて〈近代〉は、ほぼ十七世紀以降成立した。ギデンズは、近代以前の社会は、人々は共同体や宗教的世界像に「埋め込まれて」存在していた、という。これを「埋め込み」の時代と呼ぶ。それは、望むと望まざるとにかかわらず、人々が共同体や宗教的世界像に縛りつけられて（ある意味、縛られていることにも気づかずに）、生きていることを意味する

〈近代〉になると、近代化＝合理化の進展とともに、理性にもとづく判断ができる近代的個人となった人々は、それまで自分を縛っていた共同体からの脱出を開始し、共同体への埋め込みを否定する「脱埋め込み」の時代となる。「脱埋め込み」は、共同体や宗教的世界像からの解放を意味する。

ところが奇妙なことに、その後「近代の果て」に生まれた〈後期近代〉の時代になると、

いわば〈前近代〉への逆転現象がおきて、共同体への「再埋め込み」が生じてくるというのだ。ただし、これが〈前近代〉の「埋め込み」とまったく違うのは、「埋め込み」の作業が意識的になされることである。

ギデンズのいう、この〈近代〉の「脱埋め込み」から〈後期近代〉の「再埋め込み」への変化について、社会学者の阿部潔さんが簡潔に説明しているので、ここで引用しておこう。

ヴェーバーが脱魔術化として論じたように、近代社会はそれ以前の宗教的世界像のなかに埋め込まれていた人々を理性に基づき行為する近代的個人として解放（脱埋め込み）した。その結果、個々人は外部の権威に従属することのない「主体」として確立された。しかしながら近代化＝合理化のさらなる進展は、特定の文脈から脱した人々が寄るべなき存在として浮遊する事態を引き起こす。どこにも／何事にも根本的に係留されていないことに起因する「実存的不安（existential anxiety）」が、人々を悩ますことになる。その不安を解消すべく、近代化の過程において解放（脱埋め込み）された個人を再び特定の文脈に位置づける（再埋め込み）ことが試みられる。グローバル化の進行にともない、人種・民族・宗教といった属性に基づく集団帰属が殊更に強調される昨今の風潮は、現代における「再埋め込み」の典型事例である。（阿部潔「社会学的想像力の現在―監視研究における『抵抗』の位置づけを手がかりに―」『関西学院大学社会学部紀要』一一四号、二〇一二年）

ここでいわれているウェーバーの「脱魔術化」の意味については、またあとで詳しく触れたい。〈後期近代〉における「再埋め込み」の現象は、〈近代〉の「脱埋め込み」によって、寄るべなき存在として浮遊した人々の「実存的不安」から生まれたというのだ。

これはとくに欧米では、グローバル化＝新自由主義への反発としての、二〇一六年のイギリスのEU離脱や、二〇一七年のアメリカのトランプ大統領誕生に象徴される、各国の深刻な矛盾・対立の激化となって、一種の共同体といえる人種・民族・宗教への回帰の現象としてあらわれたと考えられる。

これが日本においてどうだったかといえば、江戸時代までは〈前近代〉であり、人々は「世間」という共同体に「埋め込まれて」存在してきた。明治時代の近代化＝西欧化によって、日本は〈近代〉という「脱埋め込み」の時代に突入したと、一応はいえる。たしかに、日本は科学技術や政治・法制度の近代化＝西欧化には成功し、欧米のように「世間」が否定され社会が生まれるはずであった。

この点で鴻上尚史さんは、『「世間」は中途半端に壊れていて、そして、この数年でさらに激しく壊れている』という（鴻上尚史『「空気」と「世間」』講談社現代新書、二〇〇九年）。注意しておきたいのは、この本は二〇〇九年に出版されているので、「さらに激しく壊れている」のは二〇〇〇年代になってからだということだ。

たしかに近代化＝西欧化によって「世間」は部分的には解体されてきた。にもかかわらず、日本においては共同体からの解放という「脱埋め込み」が不徹底で、人々が「世間」という伝統的共同体に縛られるという〈前近代〉的な状況は、明治時代以降、今日にいたるまで続いているのではないか。

しかも二〇二〇年からの新型コロナ禍で、「世間」がしぶとく凶暴化し、同調圧力が圧倒的につよまったのは、明治時代以降の「世間」の解体が不徹底で、やはり部分的なものにとどまっていたからではないか。

問題は、くり返すが、「再埋め込み」である。先に私は、日本は一九九八年あたりを境にして〈後期近代〉の時代に突入し、近代化＝西欧化で消滅するはずだった「世間」が、むしろ復活・肥大化したのではないかとのべた。つまり、じつは昨今のコロナ禍で「世間」の同調圧力が突然つよまったわけではなく、ここ二十年ぐらい前から、じわじわと、同調圧力がつよまる時代に突入したということだ。

このとき欧米においては、グローバル化の進行によって、人々は何ものにも係留されていないという「実存的不安」に叩き込まれ、人種・民族・宗教といった属性への「再埋め込み」が生じた。

ところが、ここが大事なポイントなのだが、〈後期近代〉への突入とともに、グローバル化＝新自由主義が浸透した日本の場合には、人種・民族・宗教的対立が欧米ほど顕著ではなかったために（ただし、ヘイト・スピーチのような深刻な問題はあるが）、「再埋め込み」の対象として、日本人は「世間」という伝統的な共同体に向かったのだ。

もちろんいうまでもないが、現在欧米には「世間」は存在しないから、欧米で「世間」への「再埋め込み」が生じることはありえない。この〈後期近代〉への突入による「再埋め込み」の登場が、一九九八年あたりを境にして、日本で「世間」が復活・肥大化した大きな理由である。

私は、日本では歴史的に〈近代〉が成立せずに、それを通過していないのではないか、とのべた。明治時代の近代化＝西欧化以降、共同体からの「脱埋め込み」がきわめて不徹底なまま、一九九〇年代末に一気に〈後期近代〉に突入して、共同体（「世間」）への「再埋め込み」が生じてしまったために、〈近代〉が定着しなかったからである。つまり〈近代〉を通過しないままに、いつの間にか、〈前近代〉にも似た〈後期近代〉に突入してしまったのだ。

話を戻そう。いずれにせよ日本では、〈近代〉が定着しなかったために、個人が生まれず、個人から構成される社会が形成されなかったので、家族に不祥事などがあった場合に、「世間」はきわめて手軽に家族をバッシングできることになった。小室さんへのバッシングは、家族は個人から構成されているのではなく、「家族は一体」であるという考えによって、よりエスカレートすることになったのだ。

これはつぎにのべるように、明治時代の「家制度」にもとづく「家意識」が、戦後も連綿と受け継がれてきたことと深い関係がある。「家族は一体」という考えがなくならないのも、この問題が根底にあるからだ。

秋篠宮はきわめて〈近代家族〉的だ

小室さんバッシングの三つ目の理由は、個人を認めない「家制度」や「家意識」の存在だ。じつはこれは、きわめてやっかいな問題だといえる。

「家制度」はもともと、江戸時代から連綿と受け継がれてきた制度だが、一八九八年に明治政府によって公布・施行された旧民法によって規定された。この制度の中心は、戸主権と長男子の単独相続による家督相続である。

その内容を簡単に整理すれば、①戸主は家族構成員の婚姻や縁組の同意権や居所を指定する権利をもつ。②夫権を認め、また妻の無能力制度を置き、夫婦の関係における不平等を定めた。③親子の関係において、親の子どもに対する支配－服従関係としての親権を認めた、というものであった。

家族構成員にたいする絶対的な戸主権を認める「家制度」のもとでは、結婚は個人と個人とのつながりではなく、「家」と「家」とのつながりである。だから、結婚の相手方は、自分の「家」と身分が釣り合った「家」の子女であることが望ましい。当時は親同士が子どもを「いいなづけ」として、将来結婚をする約束をすることが多かった。つまり、自由な恋愛も、自由な結婚も存在しなかったのだ。

とはいえ、江戸時代以前の武士階級以外では、女系相続や末子相続が一部でおこなわれていたらしいから、男系相続や長子相続が国民全体に普及したのは明治時代に入ってからである。つまり、旧民法のモデルとなったのは、封建時代の武士階級の「家制度」であった。

戦後、旧民法にあった「家制度」は消滅し、両性の本質的平等を掲げる現行民法が成立した。さらに憲法二四条では、「婚姻は、両性の合意のみに基いて成立し、夫婦が同等の権利を有することを基本として、相互の協力により、維持されなければならない」と規定された。ここでのポイントは、結婚が「両性の合意のみに基いて成立」するということだ。

これは、戸主が子どもの結婚の同意権をもち、結婚の自由がなかった戦前の「家制度」を否定し、人生の伴侶を決める結婚は、「家」と「家」とのつながりではなく、あくまでも個人と個人のつながりであり、結婚の自由が尊重されなければならないことを宣言したものだ。

面白いことに、眞子さんの父親である秋篠宮は、まだ「金銭トラブル」が報道される前ではあったが、二〇一七年六月に、ジャーナリストの江森敬治さんの「今回の結婚に反対されたということはありませんか？」という質問に答えて、こう語ったという。


それに対して秋篠宮は、「反対する理由はありません」

きっぱりとこう答えた。その理由として憲法二十四条を持ち出したという。

「憲法には『婚姻は、両性の合意のみに基いて成立する』と書かれています。私は立場上、憲法を守らなくてはいけません。ですから、二人が結婚したい以上、結婚は駄目だとは言えません」

（『週刊文春』二〇二二年五月十九日号）

質問に答えるにあたっての、「きっぱりと」という表現が印象的だ。秋篠宮の眞子さんの結婚問題についての意思は、はっきりしているということだろう。注目したいのは、ここで「立場上」というコトバが出てくることだ。いったいなぜだろうか？

じつは、憲法九九条は「天皇又は摂政及び国務大臣、国会議員、裁判官その他の公務員は、この憲法を尊重し擁護する義務を負ふ」と規定する。一七年当時、皇位継承順位二位であった秋篠宮は、当然のことながら、この九九条にある天皇の「憲法遵守義務」をつよく意識しており、憲法二四条を遵守しなければならない、と考えていたのであろう。

また、「金銭トラブル」が明らかになったのちにおいても、二〇二〇年十一月の「誕生日会見」で、眞子さんの結婚についての記者の質問に、秋篠宮はつぎのように明確に答えている。

それは結婚することを認めるということです。これは憲法にも結婚は両性の合意のみに基づいてというのがあります。本人たちが本当にそういう気持ちであれば、親としてはそれを尊重するべきものだというふうに考えています。

（『東京新聞　ＴＯＫＹＯ　Ｗｅｂ』二〇二〇年十一月三十日）

つまり、眞子さんの結婚にたいして、憲法二四条にもとづいてそれを尊重するという、秋篠宮の原理原則は一貫して変わっていないということだ。

しかもこれは、たんに法律上の問題にとどまらない。じつは秋篠宮の自分の家族にたいする態度は、きわめて〈近代家族〉的であると私は思う。たとえば、娘や息子を通常皇族が通う習わしになっている学習院に入れず、国際基督教大学や筑波大附属高校など、あえてべつの学校にゆかせたことが、それを象徴的に示している。

しかし、この秋篠宮のこの子どもにたいする態度は、「放任主義」や「過保護」であるとして、「世間」や、その空気を読むメディアの非難にさらされることになった。

たとえば、二〇二一年の二人の結婚後、秋篠宮の「誕生日会見」についての週刊誌の見出しでは、「『放任教育の果て』を省みない『秋篠宮』」（『週刊新潮』二〇二一年十二月九日号）「秋篠宮さま『誕生日会見』で露呈した眞子さんへの『過保護ぶり』」（『週刊女性』二〇二一年十二月十四日号）とあった。

これらの週刊誌の記事は、娘である眞子さんが、周囲の反対を押し切って「駆け落ち」同然の結婚を強行したのは、娘を甘やかした親の教育が悪いという、「世間」の一般的空気を表現するものであった。

しかしおそらく秋篠宮は、親と子どもの関係において自分の家族が、〈近代家族〉的な個人と個人のつながりの上に立っていると考えているのだ。とはいえ、皇室の慣例を無視した彼の教育方針にたいする「世間」の非難は、まったくこの一点に関わっていた。つまり「世間」にとって家族は、「一体」であって個人と個人のつながりではない。

私は、くり返すが、日本は〈近代〉を通過していないのではないかとのべた。「世間」が個人を基本とする〈近代家族〉を認めないのは、じつは「世間」が〈近代〉や〈近代家族〉をくぐっていないからだ。「世間」という存在は、依然として〈近代〉の対極にあるやっかいな存在なのだ。

これが、加害者家族へのバッシングをひきおこしていることはすでに触れた。それは、日本は明治時代に、個人や〈近代市民〉社会というものをコトバとしては製造したが、依然として個人や社会には実体がともなっていない、ということでもある。

「家柄が釣り合わない」という「家意識」の思想

江戸時代の武士階級の家をモデルとした「家制度」は、明治時代に明治政府によって、新たに法制度として「発明」された。日本には個人というものが生まれなかったため、個人を基本とする〈近代家族〉の理念が明治時代に輸入されたものの、それは「家制度」を批判し、対立するほどに日本に定着しなかった。

そして、たしかに法律上の「家制度」は、戦後の新しい民法の成立によって消滅した。だが、結婚は個人と個人のつながりではなく、「家」と「家」とのつながりであるとする「家意識」は消滅しなかった。戦後も「世間」が連綿として存続し、個人や社会の実体が存在しない状態が続いたからである。そのため「家意識」にもとづく結婚観が、「世間」のなかにはいまも厳然と存在する。結婚相手の「家」の格式や家柄を問題にし、身元調査がおこなわれたりする。

いうまでもないがその根底には、「先輩・後輩」ルールという「世間」の身分制の意識がある。つまり「世間」では家にも、「家柄」や「家格」という身分があるということだ。これが、たとえば被差別部落における深刻な結婚差別につながっているのだ。

一九九三年、現在の皇后雅子さまが皇太子妃に決まった時も「家」が話題となった。新聞各紙は家系を紹介。家系図で説明するメディアもあり、「家系図ブーム」を巻き起こした。

そんな出自への関心は、時に人権侵害を招く。「結婚や就職の際に身元調査が行われ、差別につながった例もある。でも、表立って問題にできないことが多い」。東日本部落解放研究所の鳥山洋事務局長は嘆く。しかも、家に関する差別意識が強くなっている傾向があると心配する。

例えば、愛知県が二〇一七年に行った県民意識調査では、結婚相手の家柄を問題にするのを「当然」という人は27・2%で、前回調査の一二年より3・8ポイント増。「おかしいと思うが反対しても仕方ない」を含めると64・4%に上る。

「間違っている」は31・2%で、3・5ポイント減った。結婚で家柄を調べることも「間違っている」は1・5ポイント減の24・8%。鳥山さんは「学校で同和教育を積極的に行わなくなり、歴史的経緯や実態をきちんと学んでいな人が増えたのが一因だ」と分析する。

（『東京新聞』二〇二一年十月二十七日）

この愛知県の調査によれば、結婚相手の家柄を問題にすることについて、「当然」とした答えが約三割弱を占めた。これと「おかしいと思うが反対しても仕方ない」を合わせると、じつに六割以上になるそうだ。逆に、「間違っている」と答えたのは約三割にすぎないという。しかも、「当然」と考える人は、二〇一二年の前回調査より増え、「間違っている」は減っているというのだ。

つまり「世間」においては、結婚相手の家柄を考えることが、ごくふつうにおこなわれているということだ。これは、よく考えてみるときわめて奇妙な事態である。しかもこうした事態を肯定する考えはむしろ増えており、さっぱりなくなる気配がない。

そして当然のように、結婚のさいに身元調査がおこなわれることで、現在でも被差別部落をめぐって結婚差別が頻繁に生じる。「世間」の「先輩・後輩」ルールからいえば、天皇家は最上位の身分に属し、被差別部落の家族はその対極にある存在である。

「先輩・後輩」ルールは、その身分が最上位から最下位まで、ミルフィーユのように階層的に積み重なっている構造をもっている。ただしそれは、それほど固定的なものではなく、つねに誰かと誰かが出会ったときに、その都度年上・年下、目上・目下、先輩・後輩、格上・格下などの上下関係の序列が生まれる。

被差別部落における結婚差別は、この連続的な身分制の構造のうちにある。誰かと誰かが結婚をするということになると、自分と相手の家の上下関係の序列が意識される。家柄というのは、まさにこの「世間」における「身分制」をめぐるルールのことなのだ。

都市社会学者の青木秀男さんは、結婚差別の根底にある「家柄の釣り合い」の重視の理由が「家意識」にあるとして、つぎのようにいう。

日本で、戦後、家父長制と家支配（本家・分家）に基づく家制度は、（法的には）消滅した。しかし伝統的な家制度をイデオロギー的な原型とする家意識は残った。そこでは、共同体における家柄の地位の維持または上昇と、世代を超えた家の継続性、家系の系譜的連続性が期待される。家柄（家格）とは、共同体の構成員により評価され、共有された家序列における位置をいう。家は、その位置に応じて権威を持つ。ゆえに、人々は、共同体の他者（他家）から自家の地位がどう評価されるかを強く意識する。人々は、家柄を維持することで、家が存続していることとの満足を得る。〔略〕結婚は、そのための家と家との結合であり、そこでは、家柄の釣り合いが重視され、または、その上昇がめざされる。そのため、人々は、共同体の他者から自分や自分の家族がどう評価されるかを強く意識する。（青木秀男「世間という牢獄―結婚差別の構造―」『大阪府立大学・人権問題研究』一四号、二〇一四年）

家柄とは、「世間」によってなされる家への評価のことである。「世間」からどうみられるか、ということが「家」にとっては重要なのだ。とりわけ「家」と「家」とのつながりである結婚においては、相手の「家」との釣り合いが問題となり、この家柄が重視される。伝統的な「世間」は、明治時代に社会に変わることなく、戦後も連綿と存続してきた。とすれば、「世間」と「家」はどのような関係にあったのか。青木さんはつぎのように指摘する。

世間に、家が組み込まれている。世間は家柄の序列のシステムである。本家・分家、旧い家・新しい家、富める家・貧しい家。これらが捻り合って、新しい「身分」が形成される。「身分」の高い家・低い家。他方で、家は個人の行動の単位である。人は家の者（家人）として行動する。しかし、家の者の行動基準は世間にある。家は世間に従属する。〔略〕ゆえに、個人が世間の掟を逸脱して、世間から放逐されると、家からも放逐される。世間に居場所なくして、家にも居場所はない。家は、世間に逆らって個人を守護することはない。（同右）

ここで重要なことは、「家」は「世間」に組み込まれてきたということだ。「家」は「世間」に従属している。それゆえ「家」の行動基準は、「世間」の行動基準である「世間のルール」にあるという。

その結果、〈近代家族〉の伝統をもつ欧米社会であれば、個人が犯罪のような社会的に非難される行為をおこなったような場合でも、家族はその構成員を社会の非難やバッシングから守ることができる。社会は市場原理や競争原理から構成されているが、家族は〈近代家族〉的な愛情原理から構成されているので、原理的に家族は社会と対立できるからである。

ところが、日本では家族は「世間」と対立できない。〈近代家族〉でないために、「家」の者の行動基準が愛情原理にあるのではなく、家族の外部の「世間のルール」にあるからである。親が子どもの不始末を叱るときに、「世間体が悪い」というのがそれを象徴している。

つまり「世間」と家族は対立しているのではなく、「家」という「世間」の序列のシステムを通して、行動の基準や価値が地続きとなっている。「世間」の非難やバッシングと対立して、親が子どもを守れないのは、このためなのだ。

では、相手が被差別部落の出身であることが明らかになった場合、「世間」においてはどのような言説で結婚差別が正当化されるのか。

結婚話の当事者である非被差別部落民が言う。「私はいいけど親がねぇ」。その親が言う。「ウチはいいけど親戚がねぇ」。その親戚が言う。「世間（人様）の目がねぇ」。非被差別部落民は、差別の責任を他者に転化し、最後は、〈世間〉という実体のない、反論不能な主体に逃げ込む。そして、被差別部落民との結婚話を封印する。

（同右）

なるほどなあ、と思うが、ここでいわれていることは、ようするにきわめて日常的な光景である。被差別部落民との結婚は、本当は自分がゆるしていないのだが、それを隠蔽するために、「世間（の目）がゆるさない」ということで正当化しようとする。

小説家の太宰治は『人間失格』のなかで、主人公が女道楽をとがめられて、「これ以上は、世間が、ゆるさないからな」といわれ、「世間というのは、君じゃないか」と相手につぶやく場面を描いている。つまり、世間ではなく「お前がゆるさないのだろう、と反論している（太宰治『人間失格』集英社文庫、一九九〇年）。

このように個人的な感情を、「世間」とか「みんな」とか大きな主語に仮託して、自分の発言を正当化することが、かつてネットスラングで「太宰メソッド」と呼ばれたことがある。結婚差別は、この「世間の目がねぇ」という「太宰メソッド」によって正当化されることになるのだ。

以上のように、日本で結婚とはあくまでも「家」と「家」とのつながりであり、個人と個人のつながりではない。そのため、「借金トラブル」などの「母の品格」や「母の品位」を問題にして、小室さんが秋篠宮家の婚約者としてふさわしくない、との主張をしたメディアも多かった。

たとえば、二〇一七年の婚約お祝いムードが一変するきっかけとなった、『週刊女性』の記事の見出しは、「眞子さま嫁ぎ先の〝義母〟が抱える400万超の〝借金トラブル〟」「秋篠宮家激震！　小室圭さんとの結婚に〝黄信号〟」（二〇一七年十二月二十六日号）であった。さらにその後も、「小室圭さん母子　ここまでヤバイひとだったとは！」（『フライデー』二〇一九年二月八日号）など、小室親子を誹謗するような内容の報道が続いた。

またこの『週刊女性』の記事では、皇族の嫁ぎ先にたいして求められる「品位」について、皇室ジャーナリストの山下晋司さんのつぎのようなコメントを引用する。

さらに　嫁ぎ先のご家族が社会から非難されるようなことをすれば、嫁がれた元皇族の品位までも穢すことになりかねませんから、国はご家族の品位も含めて求めているといっていいでしょう。本件の事実関係がわかりませんので一般論になりますが、借りたお金を返さない家庭に皇族が嫁がれるというのは、好ましくありません。

小室さんと眞子さんの結婚を、個人と個人のつながりであると考えるなら、当然のことながら、小室さんの母親がたとえ借金問題を抱えていたとしても、本人には関係はない。

さらに〈近代家族〉を前提にすれば、家族内部の関係を個人と個人の関係であると考えるから、母親が不祥事をおこしても子どもには関係がないはずだ。

しかし「母の品位」を問題にし、小室さんが秋篠宮家の婚約者にふさわしくないと主張することは、端的にいって、「家族の品位」を問題化することで、小室家と秋篠宮家では「家柄が釣り合わない」といっているのと同じである。

憲法一四条は、「すべて国民は、法の下に平等であつて、人種、信条、性別、社会的身分又は門地により、政治的、経済的又は社会的関係において、差別されない」として、「法の下の平等」を規定する。家柄や生まれや出自による差別は、ここでいう「門地」による差別だといってよい。

「法の下の平等」は「法のルール」といえるが、「世間」ではタテマエにすぎない。つまり、誰もそんなものを信じちゃいない。じつは「世間」では、「先輩・後輩」ルールの「身分制」にもとづき、家柄や生まれの違いにきわめて敏感になっている。「世間」のホンネは「身分」という「世間のルール」にあるからである。

じつは皇室バッシングは昔からあった

「世間」の激しいバッシングの結果、二〇二一年九月に眞子さんは、皇室離脱にともない支給される一時金（前例では一億三千七〇〇〇万円）を辞退。結婚式だけでなく、「納采の儀」（結納にあたるもの）も、「告期の儀」（婿の使者が日取りを通知する）も、「入第の儀」（婿側の使者が迎えに来る）もおこなわないことになった。

結婚直前の二〇二一年十月には、宮内庁より、メディアやネットのバッシングによる眞子さんの「複雑性ＰＴＳＤ」が公表された。これはネット上の攻撃やいじめなどコトバの暴力によって生じる。眞子さんの診断にあたった精神科医の秋山剛さんによれば、それはつぎのようなものであるという。

眞子内親王殿下は、ご結婚に関する、ご自身とご家族及びお相手とお相手のご家族に対する、誹謗中傷と感じられるできごとが、長期的に反復され、逃れることができないという体験をされました。このため、２０１８・19年頃から、誹謗中傷を正すことが難しい、状況を変えることが困難であるという無力感を感じる状態で、ご自分達の人間としての尊厳が踏みにじられていると感じ、また、結婚後、平穏で幸福な生活を送りたいという願いが、不可能となってしまう恐怖を感じるようになられたと伺っています。このため、ご自分を価値がないものと考えられたり、感情が揺さぶられたり、以前に比べると他の人との関係を避けてしまうことがおありになったようです。後には、誹謗中傷と感じられる内容を目にした場合はもちろん、例えば、特定の文字を見ると、実際には関係のない内容であっても、恐怖感を再体験（フラッシュバック）することがあったと伺っております。ある時期からは、誹謗中傷と感じられるできごとに関する刺激は、できる限り避けていらっしゃるとのことです。加えて、人生が壊されるという恐怖感が持続し、悲観的になり、幸福感を感じるのが難しい状態になっていらっしゃいます。このため、些細な刺激で強い脅威を感じられたり、集中困難、焦燥感、無気力といった症状も、おありのようです。皇族のお立場として、公的など活動には精一杯の力を尽くしておられ、私的なご勤務なども継続されていましたが、日常的に、非常な苦痛を感じられることが多いと伺っております。

（『毎日新聞デジタル』二〇二一年十月一日）

眞子さんが「複雑性ＰＴＳＤ」であるとするこの発表にたいして、精神科医の和田秀樹さんは、つぎのように反論している。

実際に診ていないのでわからないですが、直前まで公務をされていたことを踏まえると、「適応障害」のほうが近いと思います。

先ほど述べましたが、複雑性ＰＴＳＤは虐待を受けてきたような人が、仕事も就けず、性格も安定しないなどの症状が出るほど深刻なものです。

皇室にいることで一般人では言われないようなことを多く言われる、多数書かれるという状況です。その状況に適応できていないということのほうが、症状として近いのではないでしょうか。

（『AERA dot』二〇二一年十月一日）

「複雑性ＰＴＳＤ」という診断が妥当なのかどうかは、私もよく分からない。しかし皇族という立場にたいする誹謗・中傷に「適応できていない」から、「適応障害」であるという和田さんの議論は、すこし乱暴すぎるような気がする。「有名人」であればあるほど「世間」の非難が集まりやすいということはあるが、ふつうの人間なら、これに「適応」などできないだろうし、また「適応」する必要もないと思うからだ。

いずれにしても、メディアやネットの誹謗・中傷にさらされた場合、それが「有名人」であろうがなかろうが、まずほとんどの人間は追い詰められ、精神的にまいってしまうことは容易に想像できる。それを「複雑性ＰＴＳＤ」と呼ぼうが、「適応障害」と呼ぼうが、その本質に変わりはない。

ところで、天皇にたいする直接の批判やバッシングは、ほとんど見当たらない。これは二〇一六年八月に、天皇がビデオメッセージの「お言葉」として、異例の「生前退位」を表明したときもそうであった。おそらくそれは、天皇が「世間」の「大安・友引」ルールとして表現される、「聖と俗」の呪術的構造の頂点に立つ象徴的存在だからである。天皇への直接的な批判やバッシングは、一種のタブーとなっているのだ。

とはいえ、天皇以外の皇室のメンバーにたいする「世間」の苛烈なバッシングは、とくに皇室の「外部」からやってきた人間にたいして、じつはかなり以前からあった。

たとえば、一九九三年十月には皇后美智子さま（当時）が倒れて「失語症」となった。その原因は、週刊誌を中心として「皇后の役目はダンスでも災害地の見舞いでもない」「皇居の奥で祈るだけで良い」といった、「美智子さまバッシング」が続いたことである。倒れる直近にも、「昭和天皇が愛した皇居自然林が丸坊主　美智子皇后のご希望で」（『週刊文春』一九九三年九月二十三日号）などの週刊誌の報道があった。

さらに二〇〇四年には、皇太子妃雅子さま（当時）の「適応障害」が公表されている。もともと彼女は、外務省のばりばりのキャリアウーマンであった。ところが結婚した彼女に「世間」が期待したのは、その経歴を皇室外交に生かすことではなく、「世継ぎを生む」ということであった。

二〇〇一年には愛子さまが生まれたにもかかわらず、彼女には「次はお世継ぎを」「第2子には男児を」というつよいプレッシャーがかけられてゆく。二〇〇三年には湯浅利夫宮内庁長官（当時）の「やはりもう一人ほしい」という、にわかには信じがたいような会見での発言があった。その結果二〇〇四年ごろには、「適応障害」の状態となり療養に入ることになる。

そうした状況のなかで、二〇〇四年五月十日に、当時皇太子であった現天皇陛下が記者会見でつぎのようにのべたことは、きわめて異例なことであった。

雅子にはこの10年、自分を一生懸命、皇室の環境に適応させようと思いつつ努力してきましたが、私が見るところ、そのことで疲れ切ってしまっているように見えます。それまでの雅子のキャリアや、そのことに基づいた雅子の人格を否定するような動きがあったことも事実です。

この会見での発言は、皇太子としては、よほど切羽詰まった末のことであろう。あるいは、よほど腹に据えかねたのであろう。私の感じでは、この皇太子の言説はきわめて〈近代家族〉的である。

先に確認したように、〈近代家族〉の②の原理は「夫婦・親子のあいだのつよい愛情」であるが、皇太子の妻にたいする態度は、一個の〈対〉として、彼女を「世間」の非難から守ろうという点で、この愛情のつよさを率直に示している。

また、「雅子のキャリアや、そのことに基づいた雅子の人格」という言い方は、この夫婦が個人と個人の関係であることを示している。個人と個人であるという関係は、〈近代家族〉の前提である。しかし、「世間」のなかに〈近代家族〉的な理念は、まったく定着していない。

それゆえ、このような皇太子の発言があったにもかかわらず、週刊誌を中心とする「雅子さまバッシング」は止むことはなかった。彼女は療養のため公務を休んでいたのだが、二〇〇六年に一家でディズニーランドやディズニーシーに行ったときには、「療養中なのに遊んでばかり」とバッシングされた。

総じていえば、週刊誌の記事に代表されるこれらの皇室バッシングは、皇室の一員が、人格やキャリアをもつ独立した個人であろうとすることにたいする、「世間」の反発を表していると考えられる。天皇家の一員という身分に反するような個人的な振る舞いは、「わがまま」だといった批判がなされたのだ。

くり返すが、「世間」のなかに個人は存在しない。家族のなかにも存在しない。それを象徴するのが「家制度」や「家意識」である。それゆえ、天皇家の一員が独立した人格をもつ個人として行動しようとすると、「世間」はそれに激しく反発することになる。「世間」の空気を読まず、憲法二四条に明記されている「両性の合意のみ」にもとづく結婚を決行した、小室さん夫妻へのバッシングの理由もここにあった。

インターネットと皇室バッシング

しかも、かつての皇后や皇太子妃にたいする皇室バッシングと、今回の小室さんバッシングが決定的に異なっていることがある。それは、誰でも自由に発信ができ、それがリアルタイムで爆発的に広がるインターネットが、この間に圧倒的に普及していることだ。問題なのは、これが「世間」の空気を圧倒的に醸成し、同調圧力を肥大化させ、誹謗・中傷を蔓延させる大きな要因になっている点だ。

すでに前に簡単に触れたが、総務省の『情報通信白書』(二〇一四年版)によれば、なんと驚くべきことに、日本のＳＮＳのツイッターの匿名率は七五・一％である。これにたいして米国は三五・七％、英国は三一％、フランスは四五％、韓国は三一・五％、シンガポールは三九・五％であるから、他国と比べて明らかに突出して高い。

また、SNSの実名公開に「抵抗感がある」と答えたのは、日本が四一・七％と半分近くあるのにたいして、米国は一三・一％、英国は一一・七％、フランスは一五・七％、韓国は一一・二％、シンガポールは一三・六％でほぼ一〇％台になっており、これも突出して高い。

実名をつかうことに抵抗感があるのは、実名で発信した場合、「炎上」などのかたちで、他のユーザーから徹底的に叩かれ、実害を受ける可能性があるからである。だから他国と比べて圧倒的に実名に「抵抗感がある」ことになり、ほとんどが匿名になる。とくに他人を非難したりする場合には、匿名になりやすい。逆にいえば、匿名でないと他人を非難できないともいえる。

さらに日本では「世間」に、「共通の時間意識」にもとづく「出る杭は打たれる」ルールがあり、個人が存在しないために匿名になりやすい。ところが海外、とくに欧米では、日本と異なり歴史的に個人が形成されてきたために、実名にも抵抗感がない。ネットで実名で発信することに、日本のように躊躇することが少ないのだ。

問題は、前にのべたように、匿名になった場合に、それが「旅の恥はかき捨て」状態となることである。「世間」の特徴は、ウチとソトを厳格に区別するところにあり、日本人はそのウチとソトでは二重人格者となる。

「世間」のウチにおいては、人は「世間のルール」でがんじがらめに縛られている。ところが「世間」のソトにおいては、「世間のルール」のタガがはずれるので、それから解放されて「何をやってもいい」という自由な気分になる。

その結果、ごくふつうの人でも簡単に他人にたいして傍若無人になり、小室さんのように「叩いてもかまわない対象」が現れた場合に、わりと気軽に誹謗・中傷をおこなう。とくにバッシングの空気が蔓延している場合には、そうなりやすい。ネットにおける匿名による小室さんバッシングの根底には、この「旅の恥はかき捨て」という心理がある。しかも日本のSNSにおける匿名率の高さが、バッシングに拍車をかけている。

ようするにネットの匿名性が、誹謗・中傷の温床となっているのだ。もちろん匿名であるために、その発言の「表現の自由」が担保されるという側面もある。しかし私は、公益性のある内部告発などはべつとしても、実名でネットに発信できないような内容は、匿名でも発信すべきではないと思う。

ネットの誹謗・中傷を減らすためにいま必要なことは、一人ひとりが、SNSで発信する場合に、スマホのボタンをピッと押す前に、それが実名でも発信できる内容であるかどうかを、一度立ち止まって考えてみることであろう。それが、日本に「自分は自分。他人は他人」という個人を、恒常的に「世間」のなかに生み出す第一歩になると考えるからだ。

四、若者のあいだに蔓延する「宿命主義」の気分
―「世間」の肥大化と社会の消滅―

若者のあいだで「宿命主義」の気分が広がっているという。それは、「世間」のなかで生きるときに感じる「息苦しさ」や「閉塞感」の根底にある心情だ。ここでは、「親ガチャ」をめぐる議論などを取り上げ、それが〈後期近代〉以降の、「世間」の肥大化と社会の消滅によるものであることを明らかにしたい。

「親ガチャ」の根底にある「宿命」というコトバ

ここで考えてみたいのは、とくに現代の若者のあいだで同調圧力がどうなっているのか、ということだ。幸福度が増えているのに、若者の自殺者が多いのはなぜか。同調圧力が弱まって、若者はホントに自由に生きているのか。

二〇二一年に、犯罪社会学者の土井隆義さんの「現代ビジネス」への投稿がきっかけとなって、若者のあいだでつかわれていた「親ガチャ」をめぐっての議論が、ネットやメディアなどでおきた。

「ガチャ」というコトバは、もともとカプセルトイの販売機やオンラインの電子クジから発している。「親ガチャ」とは、子どもは親を選べず、親の経済力や教育環境が運で決まり、どこの家に生まれたかによって、子どもの運命が決まってしまうことだ。

私がこのコトバを聞いたときの最初の印象は、何かひどくイヤな感じがして、それを一言でいえば、「諦念」ということだった。若者のあいだで一種の「あきらめ」の心性が広まっている。だからこのコトバの裏には、現代の若者の深い絶望感や閉塞感が潜んでいるのではないか、と思えたのだ。

どうして、若者の間で「親ガチャ」が流行るようになったのか。まず土井さんはつぎのようにいう。

近年の相対的貧困率（世帯の可処分所得の中央値の半分に達していない層の割合）に目を向けてみると、男性の場合、高齢層ではやや改善が見られるのに対し、若年層では逆に悪化している。女性の場合、男性ほど極端ではないものの、それでもやはり若年層で悪化している。
その貧困の要因の一つといえる失業も、その多寡は若年層になるほど学歴による差異が大きくなっている。またその学歴は幼少期からの家庭環境に左右され、さらにその家庭環境には教育に投資できる親の経済力が反映している。事実、全国一斉学力テストの平均点は親の年収と相関しており、子ども自身による勉強時間との相関度よりも強い。

（『現代ビジネス』二〇二一年九月七日）

とくに〈後期近代〉のグローバル化＝新自由主義の浸透によって、日本の社会的格差の拡大は、二〇〇〇年代以降ロコツにあらわれている。ようするに、金持ちはますます金持ちになり、貧乏人はますます貧乏になるという二極化がおきているのだ。土井さんは、その結果として「親ガチャ」は生まれたという。

このような状況を反映して、いまの日本には「努力しても報われない」と諦観を抱く若者たちが増えている。統計数理研究所が実施している「日本人の国民性調査」で、1980年代と2010年代のデータを比較すると、この傾向は若年層の男性でとくに著しい。

人生はなかなか思うようにいかない。生まれたときから定められている宿命のようなものだ。自分の努力で変えることなど出来ようもない。そんな思いを抱えた学生たちが増えていてもおかしくはない。親ガチャはこのような時代精神が投影された言葉といえる。(同右)

じつは「親ガチャ」問題においては、「宿命」というコトバが一番のキーワードになっているのだが、ここではとりあえずこのコトバを覚えておいてほしい。あとで詳しく説明しよう。

ともあれ、最近の若者は、努力しても報われないと考えているから、どういう両親のもとに生まれたかが、自分の人生にとって決定的になる。努力で自分の状況を変えることができないというと、なんだか若者は絶望的で真っ暗になっているような気がするが、じつはそうでもないらしい。この点について、土井さんはいう。

生活全般に満足している人の割合について、NHK放送文化研究所が実施している「現代日本人の意識調査」で、1973年と2008年のデータを比較すると、65歳以上ではほぼ変化がないのに対し、それ以下では若年層のほうが大きくなっているのである。とくに10代後半での増加率が激しく、じつに70％以上の人が生活全般に満足と回答している。

今日の若年層では、男女ともに相対的貧困率が上昇し、それを反映して「努力しても報われない」と諦観を抱く人も増えている。にもかかわらず、その状況に対して彼らは不満を覚えなくなっている。若者だけではない。子どもの貧困率の高さも近年は大きな社会問題となっているが、同じくＮＨＫ放送文化研究所が実施している「中学生・高校生の生活と意識調査」を見ると、現在の自分を幸福と感じる中高生も、この20年近く増え続けている。（同右）

なんと若者の幸福度は上昇し、生活全般に満足と考えるようになっているというのだ。これは、「努力すれば報われ」ると考えれば、報われない場合に不満感も高まるが、最近の若者のように「努力しても報われない」と考えれば、たとえ報われなくとも不満感はつのらない。その結果として、生活満足度は高まるからである。

言い換えれば、初めから「あきらめ」ていれば、不満も生じない。ここでは、若者の「諦念」が主要な動因になっていると考えられるのだ。「親ガチャ」というコトバはその象徴といえる。

ところが面白いことに高齢層だけは、若年層と違うと土井さんはいう。

実際、若年層と中年層においては、生活満足度の上昇とともに刑法犯も減少している。ところが高齢層においては、その人口規模の拡大では説明しきれないほど刑法犯が増えている。昨今は暴走老人などと呼ばれることも多いが、不満感の塊のような高齢者がこの世代に急増しているのは、時代の変化に世代の精神が追いついていかず、そこに大きな落差が生じているからだろう。（同右）

私も一九五〇年代生まれの由緒正しい高齢者なので、キレる高齢者の気持ちはよく分かる。先日も地下鉄の券売機に「早くボタンを押せ」といわれたので、思わず「バカヤロー」と機械に怒鳴ったことがある。高齢層は、依然として「努力すれば報われ」る時代に生きてきた記憶があるので、不満感の塊のようになる。ようするに「あきらめ」ていないのだ。

〈後期近代〉の高原期に生きるということ

じつはこの「親ガチャ」の流行の背景には、大きな歴史的変化が横たわっている。それを一言でいえば、すでに確認したように、日本における〈近代〉から〈後期近代〉への突入という、「脱埋め込み」から「再埋め込み」への時代的変化である。私にいわせれば、そのことによる日本の「世間」の復活・肥大化である。

この変化によって日本の若者はどう変わったか？　土井さんも引用しているが、これを分かりやすく整理して提示しているのが、社会学者の見田宗介さんである（見田宗介『現代社会はどこに向かうか―高原の見晴らしを切り開くこと―』岩波新書、二〇一八年）。

見田さんよれば、〈近代〉は右肩上がりの加速度的な成長期にあったが、〈後期近代〉への突入とともに成長が望めなくなる。そして、〈近代〉がつねに山を登りつつあるような成長期であるのにたいして、〈後期近代〉を、山を登り切った平坦な安定平衡期である「高原（プラトー）」と名づけている。つまり、〈近代〉の成長期から〈後期近代〉への高原期への歴史的転換である。

見田さんは、先述のＮＨＫ放送文化研究所の「現代日本人の意識調査」にもとづき、成長期の一九七三年と、〈後期近代〉の高原期に入りつつある二〇一三年の青年層（二十一二十九歳）の意識を比較し解析する。

そして結論として、①「近代家族」（「近代家父長制家族」）のシステム解体、②「生活満足度」の増大と「結社・闘争性」の鎮静、③〈魔術的なるもの〉の再生と合理主義的な世界像のゆらぎ、の三点を挙げる。以下で、この三つの論点について考えてみよう。

まず、①の「近代家族」のシステム解体、である。見田さんはいう。

「近代家父長制家族」とは、日本において典型的には、「高度経済成長期」の主体的な推進力であった「モーレツ社員」「企業戦士」を影で支えてきたような、「夫は仕事に力を注ぎ、妻は任された家庭を守る」という、性別役割分担型の家族である。「理想の家族像」をめぐる青年の意識は、四〇年間に表4（引用者注─「理想の家族像」についての質問）のように変化している。七三年の青年層にとって「性別役割分担」的な家族が40％の支持を集めて、最も「理想的な」家族像であったのに対し、二〇一三年にはこの理想は7％にまで激減し、夫も妻も家庭中心に気を注ぐ「家庭内協力」家族が60％近い支持を集める、家庭の理想像となっている。

（『現代社会はどこに向かうか』）

ここで少し気になるのは、見田さんは、「近代家族」を「近代家父長制家族」ないし「性別役割分担型の家族」と同義とみなしていることだ。しかし、すでに確認したように、私の考えでは、明治時代にヨーロッパから日本に輸入された〈近代家族〉の原理とは、①

公私の区別、②夫婦・親子のあいだのつよい愛情、③性別役割分業の三つであり、性別役割分業はその一部にすぎない。

しかも日本では、七〇年代の高度経済成長期においてすら、③の性別役割分業だけは強固に存在してきたが、①や②の原理はほとんど定着してこなかった。つまり、「近代家族」のシステム解体という見田さんの見立てとは違って、〈近代家族〉は現在にいたるまで、日本において成立したためしがなかったということである。くり返すが、日本は〈近代〉をちゃんと通過していない。

だから〈後期近代〉の高原期において、「近代家族」のシステム解体がおきたわけではない。いってみれば、日本で〈近代家族〉はわざわざ解体されるまでもなく、あらかじめ解体していたのだ。

一般的にいって、男女平等の問題は、この「性別役割分担」の否定の増加という、青年層の意識の変化にあらわれているように、この四十年でかなり進展していることはたしかである。とはいえ、この意識の変化は、明治時代の近代化＝西欧化以降、欧米のように「世間」が完全に解体された結果ではなく、中途半端に壊れた状況を示しているのではないか。

しかも、ここで注意しておかなければならないのは、すでにのべたように、一九九八年以降の〈後期近代〉への突入によって、〈近代〉の「脱埋め込み」が不徹底なまま、「世間」への「再埋め込み」が生じたことである。つまり明治時代以降、「世間」は徐々に壊れてはきたのだが、ここ二十年ぐらいの間に「再埋め込み」による「世間」の復活・肥大化という、逆転現象が生じていることである

たとえば、九〇年代後半に一時盛り上がった「選択的夫婦別姓制」の導入が、二〇〇〇年代以降国会でさっぱり進まないのは、フェミニズムがいうところの「バックラッシュ」が生じたからである。時代が逆転したようにみえるのは、大規模な「再埋め込み」という「保守化」が生じているからである。

またすでに触れたように、被差別部落の結婚差別に象徴されるように、日本は〈近代家族〉の原理が不徹底なままであったために、結婚が個人と個人の関係にならず、「家」と「家」とのつながりであるとする伝統的な「家意識」が、依然としてきわめて根強い。

私の感じでは、前述の「小室さんバッシング」に典型的にあらわれているように、〈後期近代〉の「再埋め込み」によって、そういう意識がなくなるどころか、逆につよまっている。青年層であっても、こうした時代の空気には無縁ではないと思えるのだ。

「再埋め込み」による「保守化」の進行

つぎに、②の「生活満足度」の増大と「結社、闘争性」の鎮静、である。

これについては、さきに土井さんも簡単に触れているが、「全体としての生活満足度」の質問にたいして、一九七三年の一四%から二〇一三年の二八%へと大きく増大している。また「個人生活物質面」が六〇%から八七%。「社会生活物質面」が五三%から八九%となっていて、見田さんは「物質的な『経済成長』の基本的な課題は、ほぼ達成されている」(『現代社会はどこに向かうか』)という。

さらに興味深いのが、「結社・闘争性」の鎮静である。見田さんはいう。

大きい政治問題でも地域でも現場でも、青年が「激しく戦う」ことをしなくなったということである。(「政治活動無」60%→83%、「地域の問題静観」18→38%、「政治の問題依頼」11→31%、「地域の問題依頼」30→47%、「デモの有効性やや弱い」53→67%、「職場の問題静観」34→47%。)〔略〕

青年層の著しい「保守化」といわれる現象の背景もこのことにあるとみられる。

（同右）

これは実感としてもよく分かる。いま学生たちはホントに大人しい。ただし、二〇一五年の「安保関連法案」の反対運動を先端で担った、学生団体シールズのような例外はある。だがこれも、主にネット空間において拡大していったもので、いまや大学の構内は、学生がビラをまいたり、集会やデモをしようとすると職員がすっ飛んできて止めにかかるような、「表現の自由」がまったくない空間になってしまっている。

たしかに「生活満足度」が上昇しているがゆえに、「保守化」という現象がおきるのだろう。しかし「保守化」ということでいえば、これはべつに青年層に限らない。このNHK放送文化研究所の意識調査では、日本人の意識は一九七三〜九八年までは一貫して「伝統離脱」方向を向いていた。つまり、七〇年代から二〇年以上、一貫して革新的な方向を示していた。

ところが、九八年〜二〇〇三年の間では、一応「伝統離脱」を向いてはいるのだが、その動きが鈍り、〇三〜〇八年には「伝統志向」に明確に逆転し、〇八〜一三年にはますますその傾向がつよまっている。世紀をまたいだころから、日本人全体の「保守化」が進行していることがはっきり分かるのだ（NHK放送文化研究所編『現代日本人の意識構造　第八版』

ＮＨＫブックス、二〇一五年）。

くり返すが、私は歴史の分岐点が一九九八年あたりにあったと考えている。刑事司法分野における「保守化」ともいうべき、「厳罰化」に拍車がかかるのもこのころである。この時期をめぐっては家族社会学者の山田昌弘さんも、九八年に歴史的転換が生じたとして、「日本社会において、希望がなくなる、つまり、努力が報われる見通しを人々がもてなくなりはじめたのが、一九九八年だと私は判断している。これを、一九九八年問題と呼ぶことにしたい」という（山田昌弘『希望格差社会―「負け組」の絶望感が日本を引き裂く―』筑摩書房二〇〇四年）。まさに、前述の「努力しても報われない」状況が露出しはじめたのだ。

先にのべたように、自殺者数が二万人台から三万人台へ急増するという、「息苦しさ」や「閉塞感」がつよまったこの時期以降に、「保守化」の傾向がはっきりあらわれる。それは、〈後期近代〉への突入によって「世間」への「再埋め込み」が生じ、「世間」が復活・肥大化して、一気に同調圧力がつよまったためである。

たとえばこの国では、若い女性タレントが政治的発言をしたような場合に、ネットで炎上し「生意気だ」と徹底的に叩かれる。学生が友達のあいだで政治問題を話題にすれば、なんとなくまわりから浮くことになる。ふつうのサラリーマンだって自分の職場で、自由に政治的発言をすると「空気読めよな」といわれるだろう。

このように、いま「法のルール」である憲法上の「表現の自由」が、さまざまな場面で、事実上存在しないような状況になっているのは、かなり由々しき事態だと思う。一九九〇年代以前の時代と比較しても、現在の不自由さからくる「息苦しさ」や「閉塞感」は大きくなっている。それは、「再埋め込み」によって「世間」が復活・肥大化することで、「空気読め」という「世間のルール」が肥大化したためである。

たとえばファションは、その人の個性の「表現」にほかならない。いま同調圧力によって、事実上「表現の自由」がないという状況について、土井さんが面白いことを指摘している。

「日本経済新聞」に、一九八六年の日本航空の女性社員の入社式と二〇一〇年のそれを比較した写真が掲載されたことがあります(二〇一〇年九月一六日夕刊)。前者ではチェック柄のスカートやワンピース、白のハイヒールなど服装はまちまちで、髪形も多種多様だったのですが、後者ではものの見事に全員が黒のスーツ一色で、靴や髪形もみなそっくりです。〔略〕大多数がわりと似通った目標を追っていた成長期のほうが、新入社員たちが個性的な服装をしており、人によって目指すものが多種多様になった高原期のほうが、没個性的な服装になっている背景には、この人生の羅針盤をめぐる時代精神の変化があると思われます。それが若者たちに、差異化より同質化を求めさせるようになっているのです。

（土井隆義『「宿命」を生きる若者たち―格差と幸福をつなぐもの―』岩波ブックレット、二〇一九年）

このような入社式の風景は、いまも変わらない。変わらないどころか、学生のリクルートスーツ一色の就職活動をみていると、以前と比べてファションの「同質化」がますますひどくなっているように思う。

土井さんによれば、〈近代〉の成長期においては、進むべき目標や指針を示す人生の羅針盤は人の内部に存在した。だが、〈後期近代〉の高原期に生きる人間にとっては、進むべき方向を示す羅針盤は、「周囲の人びとの意見や反応」になったとして、「不変不動の方向を示す羅針盤が自分の内部に存在しえなくなったので、その代わりに対人レーダーをつねに作動させて周囲の人びとの反応を探り、それを指針の代用にしようとしている」（同右）と説明する。

しかし私の感じでは、〈近代〉の成長期においては、「脱埋め込み」で「世間」が中途半端に壊れていたので、まわりからの抵抗はあったと思うが、場合によっては「世間のルール」にしたがう必要はなかった。これが、一九八六年の入社式の「個性的な服装」の意味するものである。

ところが、「再埋め込み」で「世間」が復活・肥大化した〈後期近代〉の高原期においては、「世間のルール」が肥大化し、同調圧力がつよまったために、「空気読めよな」といわれないように、若者はまず「周囲の人びとの反応」をみざるをえなくなっている。その結果としての、二〇一〇年の入社式でのリクルートスーツの席巻ではないか。

「世間」の肥大化と社会の消滅

「保守化」という点では、日本青少年研究所の高校生の意識調査においては、「現状を変えようとするより、そのまま受け入れたほうが楽に暮らせる」と答えた若者が一九八〇年に約二五%であったのが、二〇一一年には約五七%と倍増しているそうだ。

なぜ、見田さんがいうような若者の「結社・闘争性」の鎮静がおきたのか? 答えはいうまでもなく、高原期の「再埋め込み」による「世間」の復活・肥大化にある。

イノベーション論の金間大介さんは、SNSで大学生が求めているのは、一般にいわれるように、リアルな社会とは異なる「別の世界」ではなく、じつは「リアルな社会」そのものであるとして、つぎのように注意を促している。

ただし、そのリアルな社会は、極めて閉じた狭い範囲に限定される。そして、その狭い世界が興味対象のすべてだ。バイトテロ（アルバイト中に過度な悪ふざけをした写真や動画をＳＮＳにアップする行為）をするような若者は、単に武勇伝をごく少数の友達に見てほしかっただけだ。彼らの意識はネットの向こうの外の世界にはなく、すぐそこの友だち数人だけ。

（金間大介『先生、どうか皆の前でほめないでください――いい子症候群の若者たち――』東洋経済新報社、二〇二二年）

二〇一三年ごろに頻発した、不適切動画のネット投稿を意味する「バイトテロ」は、場合によっては、業務妨害罪や信用毀損罪にあたる犯罪や、民事損害賠償請求の対象となるような、「法のルール」に反する行為である。いかに暴走好きのおバカな若者であっても、ちょっと考えれば、結果の重大さはすぐ分かりそうなものだ。だが、違法行為にいたらないまでも、昨今でもこれがなくなる気配がないのは、いったいどうしてなのか。

理由としてすぐに考えられるのは、少数のまわりの友だち、つまり「仲間ウチ」での「承認欲求」の肥大化である。もちろん、他人から認められたいという感情は誰にでもある。だがそれがいまや、とくに若者のあいだで強迫的なぐらいに広がっている。評価の基準は「いいね！」がどれだけ多く獲得できるか、どれだけ派手に受けるか、である。

それにしても奇妙なのは、ネットは世界に広く開かれているという意味で「社会」に他ならないのだが、これに向けて発信しているという自覚がまるでないようにみえることだ。つまり、自分の「仲間ウチ」である「世間」にしか関心がなく、そこで受けることしか考えていない。まさに金間さんのいうように、「彼らの意識はネットの向こうの外の世界には」ないのだ。

それゆえ、「仲間ウチ」から受けるために、若者の不適切動画の内容はどんどんエスカレートし、ますます過激になる。すでにのべたように、社会のルールとは「法のルール」である。過激になれば、当然犯罪や損害賠償の対象となる可能性が出てくる。

それがまったくみえないのは、「武勇伝」がまわりに受けると自分の評価が上がるという「世間のルール」が、「法のルール」より優先されるからである。これが土井さんがいう、高原期の若者の羅針盤が「周囲の人びとの意見や反応」になっていることの意味である。

ある意味で、成長期に生きてきた大人たちよりはるかに、高原期における若者のほうが、〈近代〉から〈後期近代〉へという時代の変化を、チョクに受けやすいといえるかもしれない。すぐあとでのべるが、私は高原期に入って、ますます若者が人間関係に縛られるようになっているのは、子どもも、大人の「世間」をなぞった「プチ世間」をつくるようになっているからだと考えている。

その結果何が生じるか？　端的にいって、「世間」の肥大化による社会の消滅である。社会であれば、人間関係は相互に独立した個人と個人の関係になる。ところが「世間」に個人は存在しないから、いつも周囲の反応をみて自分がどうするかを決めなければならない。背景にあったのは、高原期となった〈後期近代〉において生じた、「世間」への「再埋め込み」である。

たとえば、新海誠監督によるアニメ映画『君の名は。』に続き、二〇一九年に同監督の『天気の子』が大ヒットした。セカイ系と呼ばれるこれらの映画で興味深いのは、恋愛などの男女の個人的営みがそのまま、隕石の衝突や長雨などの気候危機といった世界の大問題に直結して描かれていることだ。

土井さんによれば、これらのセカイ系と呼ばれる映画では、中間項の社会の領域が欠落し、社会全体を変えようという発想がない（土井隆義「セカイ系と宿命―社会の不在を意味するもの―」『ＴＡＳＣ　ＭＯＮＴＨＬＹ』五二八号、二〇一九年）。私にいわせれば、ここでは「世間」の肥大化によって、社会が消滅しているのだ。

思うに「社会変革」や「社会改革」というコトバはあるが、「世間変革」や「世間改革」というコトバはない。このことについて、阿部謹也さんはつぎのようにいう。

「世間」と社会の違いは、「世間」が日本人にとって変えられないものとされ、所与とされている点である。社会は変革が可能であり、変革しうるものとされているが、「世間」を変えるという発想はない。近代的システムのもとでは社会改革の思想が語られるが、他方で「なにも変わりはしない」という諦念が人々を支配しているのは、歴史的・伝統的システムのもとで変えられないものとしての「世間」が支配しているためである。

（阿部謹也『学問と「世間」』岩波新書、二〇〇一年）

先に引用したように、「現状を変えようとするより、そのまま受け入れたほうが楽に暮らせる」と答えた若者が、一九八〇年に比べて、〈後期近代〉に入った二〇一一年に倍増している。まさに「『なにも変わりはしない』という諦念が人々を支配している」のだ。日本では、変革可能な社会はあくまでもタテマエであり、変革不能の「世間」がホンネであるため、もともと社会は希薄なのだ。いまそれが露出しているのは、〈後期近代〉の「再埋め込み」によって、変革不可能な「世間」が肥大化し、社会の消滅を招いているからである。まさにこのことによって、日本の若者の「結社・闘争性」が鎮静しつつあるのだ。

しかし海外に目をやれば、中国政府によって暴力的につぶされてはいるが、二〇一九年に「香港に再び栄光あれ」というプロテストソングまで誕生させ、デモの担い手となった香港の若者たちは、少なくとも社会を変えられると思っている。お隣の韓国でも頻繁にデモがあり、若者も政治のあり方に大きな影響を与えている。

さらに、二〇一九年に日本財団によっておこなわれた、「一八歳意識調査─社会や国に対する意識調査─」の結果がきわめて興味深い。調査は、日本とアジアや欧米九カ国の一七～一九歳の男女を対象としているが、なんと驚くべきことに、「自分の国に解決したい社会課題がある」など六項目の質問への回答のいずれも、他国とかなりの差で、日本が最下位になっているそうだ。

ここですべてを紹介することはできないが、質問項目を二つ挙げておこう。まず、「自分で国や社会を変えられると思う」では、インド八三・四％、インドネシア六八・二％、韓国三九・六％、ベトナム四七・六％、中国六五・六％、イギリス五〇・七％、アメリカ六五・七％、ドイツ四五・九％だが、日本はわずか一八・三％である。

もう一つ。「社会課題について、家族や友人など周りの人と積極的に議論している」は、インド八三・八%、インドネシア七九・一%、韓国五五・〇%、ベトナム七五・三%、中国八七・七%、イギリス七四・五%、アメリカ六八・四%、ドイツ七三・一%だが、日本はなんと二七・二%である。

これだけみても日本は各国に比べると、「国や社会を変えられると思っている」や「社会課題について…積極的に議論」が圧倒的に少ないのだ。この各国と日本の明確な違いは、どこにあるのか。断定はしないが、かなり似ているところがあるようにみえる中国や韓国も含めて、他の国ではもともと日本のような変革不能の「世間」は存在せず、個人から構成される変革可能な社会が機能しているからではないのか。

とくにそれが日本では、〈後期近代〉の「再埋め込み」によって、「世間」の肥大化と社会の消滅が生じるなかで、若者の「結社・闘争性」の鎮静がおきているのだ。

つながってなくちゃなんない症候群

おそらく日本の若者は、けっこう早い時期から、まわりの人間関係に縛られるようになっている。それは、子どもも大人の「世間」をなぞった「プチ世間」をつくり、「世間のルール」に縛られるようになったからである。

金間さんは、子どもたちの「いい子症候群」がいつ発症するかについて、面白いことを指摘している。

私は以前、小学校の授業で先生が「これわかる人？」と言ったとき、「はい！」「はい！」と教室中から手が挙がるのは何年生くらいまでか調査したことがある。結論としては、小学校3、4年生あたりが中央値。5年生のころからは徐々に無邪気に手を挙げる姿勢は見られなくなる。

つまり、本章のテーマである「浮いたらどうしよう」という心理は、このころに芽生えていると考えられる。その後、学年が上がり、中学校に入るころには、周りの目に対するネガティブな意識はものすごく大きなものになっている。

（『先生、どうか皆の前でほめないでください』）

前述の『ハーバード白熱教室』では、アメリカの大学生が先生の質問にたいして、「はい！」「はい！」と元気よく答えている。だが、私の経験からいっても、日本の大学であれと同じ授業をやれといわれても、どだい無理な話である。

金間さんのいうように、小学校の高学年のあたりから、「浮いたらどうしよう」という意識が芽生えるというのは、実感としてもよく分かる。「いい子症候群」の発症で「出る杭は打たれる」と考え、まずまわりを見渡して、まわりの空気を読んだ上で、手を挙げるのをやめるからである。

なぜそうなるのかといえば、すでにのべたように、この学年ぐらいから、生徒同士の人間関係において「プチ世間」が生まれ、さまざまな「世間のルール」に縛られるようになるからである。とくに「共通の時間意識」による「出る杭は打たれる」ルールがあるために、みんなと同じ行動を取らない人間は、「プチ世間」から排除され、ラインの「仲間ウチ」でハブられたり、「いじめ」の対象になったりする。

私の感じでは、こうした「プチ世間」による「いじめ」がはっきりと姿をあらわしてくるのは、一九九〇年代以降である。一九九三年一月におきた「山形マット巻き殺人事件」がそれを象徴している。

これは、当時中学一年の男子生徒が学校でくり返しいじめを受けていたが、ある日

「瞬間芸」を強要され、拒否したところ体育館の体操用マットに押し込まれ、そのまま放置されたため死亡したというものだ。

この生徒の一家は、もともと町の外からやってきた「よそ者」であり、幼稚園を経営していて比較的裕福であったので、まわりの「世間」から「アガスケ（生意気）」だと思われていた。学校でのいじめは、一家の「世間」における排除とちょうど相似形になっていて、その理由は「標準語をしゃべる」ということだったらしい。つまり、彼はクラスでもまわりから目立つ存在だった。

私がこの事件で驚いたのは、彼が小学校卒業時に両親にあてた手紙のなかで、「中学はどういう世界なのか。あまりめいわくをかけないようにしたい」とつづっていたことだ。新聞によれば、わずか一九行の文章のなかに、三度「めいわくをかけたくない」というコトバが出てくるという（『毎日新聞』一九九三年一月三十日）。

小学生が「めいわくをかけたくない」？　何かおかしくないか。ようするに、さっぱり「子どもらしく」ないのである。

「人に迷惑をかけるな」は、まさに典型的な「世間のルール」である。つまりこれは、あとで触れるように、子どもの「小さな大人」化によって、子どもたちのなかに大人の「世間」をなぞった、「プチ世間」が生まれつつあったことを示している。この「プチ世間」が、その後の〈後期近代〉への突入とともに、肥大化していったことは明らかである。

ともあれ、日本の学生は欧米の学生と比較すると、プレゼンテーション能力が低いとよくいわれる。アメリカで『ハーバード白熱教室』の「はい!」「はい!」が可能なのは、欧米にはキリスト教の「告解」の歴史があり、自分の内面を外部にさらけ出し、神に向かってプレゼンテーションすることで、individualたる個人が形成されてきたからである。日本にはこの歴史がない。それゆえ私たちは、内面を「世間」にさらけ出すことにかなりの抵抗と躊躇を覚える。個人が形成されず、伝統的な「出る杭は打たれる」ルールがそのままのこったために、同調圧力に抗して、教室で「はい!」「はい!」と手を挙げることにも、とてつもない勇気が必要になるのだ。

さらに、ある家庭裁判所の調査官は、いまや小学校の高学年ぐらいから、子どもたちは「つながってなくちゃなんない症候群」の状態にあるという。

「いまは中学生はもちろん小学校高学年ごろから群れていないと不安で、そこにしか生きる世界がないんです。行動規範は仲のいい友だちグループのなかだけで決まっちゃって、そこから弾き出されたら生きていけない。それは、とくに女の子にひどいです。三人グループでいたのがそこから外れたら教室にも居場所がなくなってしまう。

そんなふうに、たがいが縛り縛られ合っていて、やれ携帯だやれメールだという〝つながってなくちゃなんない症候群〟がいよいよ強まっていますから、自分の時間なんか持ちようがない」

（小林道雄「感受性の未熟さが非行を招く」『世界』二〇〇一年一月号）

これはきわめて大事な指摘である。なぜなら、これが〈後期近代〉の高原期に突入した、この時代の子どものあり方を象徴しているからである。「つながってなくちゃなんない症候群」になるのは、「世間のルール」である「共通の時間意識」によって、人と人とのあいだの切れ目がはっきりしないからである。はっきりしないために、たがいに縛り縛られ合うことになる。つまり、個人でないために、「自分は自分。他人は他人」にならないのだ。

高原期の「再埋め込み」によって、「世間」が肥大化している。その結果「世間のルール」の抑圧性がつよまっている。もちろんそれは大人だってそうで、若者に限らない。だが先に触れたように、生まれてこの方ずっと高原期の〈後期近代〉に育ってきた若者のほうが、その影響が小さい大人に比べると、それが極端なかたちであらわれやすい。

「いじめ」などを原因として、学校への登校拒否からはじまり、中年層にまで拡大した

「ひきこもり」の近年の深刻さは、学校や職場やご近所やサークルなどのありとあらゆるところで、社会が希薄化し、「世間」の圧倒的支配が貫徹するようになったからである。「世間のルール」の肥大化は、「息苦しさ」や「閉塞感」を増大させる。

その結果の、若者の「結社・闘争性」の鎮静であった。

再魔術化による「宿命主義」の台頭

さて、見田さんの指摘する、〈後期近代〉の高原期に入った若者の変化の最後の特徴は、③の〈魔術的なるもの〉の再生と合理主義的な世界像のゆらぎ、である。それはつぎのようなものである。

「近代家族」システムを支える価値観とモラルと感覚の解体と、生活満足感の増大、「結社・闘争性」の鎮静を示す大きい二つの回答群の他に、もう一群の、一見「奇妙」ともみえる回答群がある（「あの世、来世を信じる」5→21%、「おみくじや占いをした」30→46%、「お守り、お札を信じる」9→26%、「奇跡を信じる」15→26%）〔略〕

広く知られているようにマックス・ウェーバーは近代社会の基本的な特質を、生のあらゆる領域における〈合理化〉の貫徹であるととらえ、これを〈魔術からの解放〉、脱魔術化と呼んだ。

今現代の日本で進行している、魔術的なるものの再生、あるいは脱・脱魔術化とも言うべきことは、この〈合理化〉という方向が、ウェーバーの予測しなかったある「変曲点」を迎えているということである。(『現代社会はどこに向かうか』)

〈前近代〉の時代には、人々は共同体や宗教に「埋め込まれて」存在していた。〈近代〉は、共同体や宗教からの解放を意味する「脱埋め込み」の時代だが、それは同時に〈魔術的なるもの〉からの解放も意味する。ところが〈後期近代〉になると、共同体や宗教への「再埋め込み」が生じ、その結果「魔術的なるものの再生、あるいは脱・脱魔術化」が生じる。

〈後期近代〉では、もう一度人々が共同体や宗教に「埋め込まれる」ということだから、これは一見「中世」の復活のようにみえる。私はかつて、日本は一九九〇年代以降に、資本主義の「中世」化が本格的に始まったと、論じたことがある(佐藤直樹『〈責任〉のゆくえ—システムは刑法に追いつくか—』青弓社、一九九五年)。

それは、ごく簡単にいえば、まず高度資本主義=高度消費社会の浸透によって「家族の市場化」がおき、子どもが「大人」のようにお金をもち、自由に消費することで、ヨーロッパ中世のような「小さな大人」が登場したこと（子どもの「小さな大人」化）が背景にあった。

さらに、格差社会の拡大による身分の固定化や、世襲化といった「新たな身分制度」の登場も背景にあった。「身分制」も典型的な「世間のルール」だが、世襲化もまた、「努力してもしかたがない」という「諦念」を蔓延させてゆく。

ただし、再確認しておきたいが、中世において「埋め込み」は、好むと好まざるとにかかわらず、選択の余地なく、人々は受け入れざるをえなかった。つまり、人々は当たり前のものとして、生まれてから死ぬまで一生、共同体や宗教に「埋め込まれて」いた。ところが〈後期近代〉の「再埋め込み」においては、意識的にそれがなされる点が、中世の時代とは異なっている。

先述のように、ヨーロッパでもかつては、日本のような「世間」が存在した。ところが十二世紀ぐらいを境にして、しだいに「世間」が社会に変化してゆく。そのときに、キリスト教の「告解」がヨーロッパ全土に普及することで、「世間のルール」である「呪術性」のルールが、キリスト教に反する「邪教」であるとして徹底的に否定された。

その結果、新たに生まれた社会の原理は、呪術（魔術）からの解放を意味する「合理性」

ということになった。これが、ウェーバーのいう、〈近代〉の特質としての「生のあらゆる領域における〈合理化〉の貫徹」、すなわち「脱魔術化」である。

ところが日本では、「大安・友引」ルールのような、合理的根拠をもたず説明のつかない呪術的な「謎ルール」がいまでもきわめて多い。

ちなみに鴻上尚史さんは、外国人から指摘された職場の「謎ルール」の例として、「上司や先輩は神のように偉すぎて、意見があっても言えないから、ビジネスチャンスを逃している」「職場にドレスコードが多すぎる。完璧な化粧やヒールが、どうして仕事に必要？」「サインより偽造が簡単なハンコの方が価値がある」「社歌があって、月初めとかに歌った。まるでカルトのようだった」などを挙げている（鴻上尚史『世間ってなんだ』講談社＋α新書、二〇二二年）。

これらの「謎ルール」のすべては、もちろん「法のルール」ではない。合理的根拠があるとは思えない「世間のルール」なのだが、あたかも「法のルール」のように強制力をもっていて、これにしたがわないと同僚と仕事がやりにくくなったり、上司から目をつけられたりする。

これは、近代化＝西欧化によって、「世間」はある程度壊れてきたのだが、〈近代〉が十分に定着しなかったために、共同体や宗教からの「脱埋め込み」が不徹底なままで、古い共同体のルールである「世間のルール」が強固にのこったせいである。

さらに興味深いのは、〈後期近代〉への突入によって、「世間」への「再埋め込み」が生じ、その結果「呪術性」のルールが復活・肥大化し、いま「魔術的なるもの」が再生していることだ。もともと日本人は「無宗教」なのではなく、「世間教」の熱心な信者であり、きわめて「信心深い」といえるのだが、いまやその「信心深さ」がより深化しているとさえいえるのだ。

〈後期近代〉の高原期を生きてきた若者にとっては、それが、「あの世、来世を信じる」「おみくじや占いをした」「お守り、お札を信じる」「奇跡を信じる」への回答の増加としてあらわれている。

たしかに、二〇一六年に大ヒットした新海監督の『君の名は。』では、物語の中心に地元の神社の儀式や巫女などがてんこ盛りに登場する。同監督の『天気の子』でも、都会の廃ビルの屋上にある鳥居や祠が、天につながるという重要な役割を果たしている。これが抵抗なく若者にウケたことは容易に想像できる。

土井さんは、「しかもこの傾向を世代別に比較してみると、それはとくに若い世代で顕著にみられる現象」だとして、「現在の高齢層はかつて若かりし頃に身につけた合理的精神をいまだに保ちつづけていますが、若年層では反対に非合理的精神が復活しているのです。いまや『信心深いのは若者たち』とでもいうべき状況になっています」（『「宿命」を生きる若者たち』）と指摘する。

してみると、由緒正しい高齢者の私なんかが、『君の名は。』での神社の儀式などの強調にはなんだかアヤシイものを感じるし、前世やパワースポットなど、スピリチュアルなものが若者になぜ流行るのか、さっぱり理解できないのは、ある意味当然なのかもしれない。「世間」の「呪術性」のルールは、「脱埋め込み」の時代に人生の大半を過ごした高齢層より、むしろ「再埋め込み」の時代に生きてきた若年層で、よりリアルなものとなっているのだろう。

さらに土井さんは、じつは「再魔術化」ともいうべき呪術的な感覚が若者のあいだに広がったのは、高原期に入って自己の存在根拠を、前世やオーラといった自分の過去にもとめようした結果、若者のあいだで「宿命主義」が席巻するようになったからだという。

ここでいう「宿命主義」とは、「人生とは自らが努力によって切り拓いていくものではなく、むしろ自分の力の及ばないところで決まっているという感覚」（土井隆義『少年犯罪〈減少〉のパラドクス』岩波書店、二〇一二年）のことだ。

〈前近代〉の「埋め込み」の時代は身分制社会であるから、身分に縛られていることはいわば当然のこととしてとらえられ、人々のあいだにはこの「宿命主義」が支配していた。

〈後期近代〉の「再埋め込み」の時代にあらわれた新たな「宿命主義」について、土井さんはつぎのようにいう。

だとすれば、今日の新たな宿命感も、成長期から高原期へと移行しつつある現在の社会状況をそのまま体現した心性の産物といえるでしょう。それは、近代科学の装いを一部にまとってはいるものの、超越的な過去によって規定された決定論的な世界観です。あたかも中世社会のように現在の日常が延々と続いていく世界が高原期の社会だとしたら、進歩主義的な近代規範とは対極の宿命論的な人間像が再び登場してきても不思議ではありません。(『「宿命」を生きる若者たち』)

ここでいわれている「近代科学の装いを一部にまとってはいる」ものとは、男女の行動を脳の性差によって説明しようとするニューロセクシズムなど、最近の科学的知見のことである。それは決定論的という意味において、科学の皮をかぶってはいるが、「宿命主義」に通底する。

〈近代〉の成長期は、右肩上がりだったから目標としての未来がみわたすことができた。ところが〈後期近代〉の高原期は、平坦だから日常がだらだら続くだけで、行く手に未来もみえない。その結果、前世やオーラといった超越的な過去に遡って、自分の存在根拠を探すことになる。そこに登場するのが「宿命主義」だと、土井さんはいうのだ。

さてここで、本章の最初の部分を思い出してほしい。若者のあいだでの「親ガチャ」流行のキーワードになっていたのは、「宿命」というコトバであった。どんな親のもとに生まれたかで、自分の人生が決まるという「親ガチャ」は、まさに運命決定論であり、この「宿命主義」にもとづくものである。

つまりここには、先に指摘したように、明らかにある種の「諦念」がある。自分の運命が決定されていると感じることは、努力してもどうにもならないということを認め、あきらめることである。そこには現代の若者がもつ、どうしようもない「息苦しさ」や「閉塞感」が潜んでいるように思える。

土井さんは、「親ガチャ」という表現は、「家が貧乏だ、と直接的に言うと相手に気を使わせる。コミュニケーションを円滑にするために、軽いノリで使っている面もある」(『東京新聞』二〇二一年九月二十三日)ともいう。

しかし私の感じでは、「軽いノリ」というよりも、現在の若者が人間関係で不用意な摩擦をおこさないように、こうした表現をすることを、「世間」から強いられているように思える。なぜなら、「気を使わせる」と考えること自体、個人が存在しない「共通の時間意識」のルールにもとづくものであり、その意味で、典型的な「世間のルール」に他ならないからだ。

ポイントはこうである。若者の「親ガチャ」流行の根底にあるのは、〈後期近代〉への突入による「世間」への「再埋め込み」である。その結果、「世間」の復活・肥大化がおき、それが若者のあいだでも、同調圧力の肥大化につながっていったのだ。

「身分制」のルールを体現する「親ガチャ」と若者の自殺

〈後期近代〉の高原期は、明日もまた変哲もない今日と同じ日常が続くという意味で、中世に似ているという。中世は身分制社会であった。この〈前近代〉の身分制度は、日本では〈近代〉以降も「世間」が連綿と存在してきたために、その意匠が変わることはあったが、「身分制」のルールとして強固に存在し続けてきた。このルールが「再埋め込み」によって、復活し肥大化しているのだ。

「親ガチャ」は、親の身分が子どもの身分を決定づけるわけだから、まさにこの「世間」の「身分制」のルールを体現したものである。ここ二十年以上にわたる「再埋め込み」による「世間」の復活・肥大化によって、それがますます目にみえるかたちで、ロコツにあらわれるようになっている。

しかも、たちが悪いことに、「共通の時間意識」のルールにもとづく「人間平等主義」があるので、そうした身分差や貧富の格差は隠蔽され、表面上ないことにされる。

先に簡単に触れたように、この「人間平等主義」は中根千枝さんのコトバだが、中根さんはこれをつぎのように説明している。

これは、すでに指摘した「能力差」を認めようとしない性向に密接に関係している。日本人は、たとえ、貧乏人でも、成功しない者でも、教育のない者でも（同等の能力をもっているということを前提としているから）、そうでない者と同等に扱われる権利があると信じこんでいる。そういう悪い状態にある者は、たまたま運が悪くて、恵まれなかったので、そうあるのであって、決して、自分の能力がないゆえではないと自他ともに認めなければいけないことになっている。（『タテ社会の人間関係』）

前述の「親ガチャ」を若者が「軽いノリ」で語るのも、中根さんのいう「人間平等主義」によって、なるべくそれが関係のなかで表面化しないように、親の貧富や身分の格差を隠蔽しようとする意識が、どこかで働くためといえないだろうか。

また、たとえば最近の小学校の運動会では、「遅い子がかわいそうだから」という理由らしいが、徒競走で順位をつけなかったり、同じような速さの子どもをグループ分けして走らせたりする。身分差だけでなく、「人間平等主義」によって、能力や才能の差も隠蔽されるのだ。

こうしたことが、若者の意識の根底に絶望感を蓄積させないわけがないと思う。つまり、「世間」が肥大化することで、若者のあいだでは、ますます同調圧力がつよまって、「息苦しさ」や「閉塞感」が増しているとしか思えないのだ。

にもかかわらず、若者の生活満足度は高くなっていて、この二十年、少年犯罪の発生率は成人と比較しても激減しているという。とすれば、その結果、いったい何が生まれるか。いうまでもなく、殺意が他者ではなく自己に向けられる自殺である。

日本では、若年層の死亡理由の第一位が自殺である。これは他の先進国ではまったくみられない異常な現象であるといってよい。犯罪社会学者の岡邊健さんは、このことについてつぎのように語る。

「日本でとりわけ自殺率が高いのが、やっぱり若い人なんですね。十五歳から三十九歳の死因の一位が自殺という状況は、この十数年ずっと続いていますけど、こんな国は日本しかないんですよ。これは異常な社会なんですよね。アメリカみたいに犯罪が多い社会も異常ですけれど、自殺率が高い日本もやっぱり異常な社会なんです。なかなかその要因を説明するのは難しいところなんですけれども、犯罪の少なさと裏返しであるところはあるかなと思います。つまり外に発散するか内に発散するか、暴力をどこに向けるかという話なので」（インベカヲリ★『「死刑になりたくて、他人を殺しました」―無差別殺傷犯の論理―』イースト・プレス、二〇二二年）

もちろん、大人も含めた自殺率全体では、日本は先進国中最悪の状態が続いている。すでに何度か触れたが、〈後期近代〉に突入した一九九八年に、それまで二万人台だった年間の自殺者数が突如三万人台になり、その後二〇一一年まで三万人台が続いた。いまは二万人ぐらいが自殺する。

欧米に比べて日本の自殺率が高いのは、日本では「世間」が存在し、それがつよい同調圧力を生み出しているからである。「人に迷惑をかけるな」という同調圧力があるために、つよい自主規制が働き、殺意を抱いてもそれが他者に向かわず、その結果自殺者がきわめて多くなるのだ。

おそらく犯罪がきわめて多いアメリカでは、殺意のベクトルが他者に向かい、日本では殺意のベクトルが自己に向かう。これは、日本で犯罪を抑止しているのが、「人に迷惑をかけるな」といった「世間のルール」であるのにたいして、社会しか存在しないアメリカではそれがなく、抑止するものが「法のルール」しかないからだ。

このことの異常さは、この国ではいまや何かが完全に壊れてしまって、底が抜けた状態になっていることを示している。その矛盾が、〈後期近代〉の「再埋め込み」の時代になって、若者のあいだできわめて極端なかたちであらわれているのだ。

「親ガチャ」というコトバの登場と、若者の自殺の多さはその象徴であるといえる。

五、自暴自棄による「ヤケクソ型犯罪」をめぐって

―「死刑になりたい」という奇妙な動機―

日本は犯罪発生率がきわめて低い、世界一安全で安心な国である。ところが時折、欧米ではあまりみられないような奇妙な犯罪がおきる。確たる動機がみあたらない、自暴自棄による「ヤケクソ型犯罪」である。しかも、〈後期近代〉への突入以降の「世間」の復活・肥大化によって、これが明らかに目立つようになっている。ここでは、こうした犯罪が目立つようになったことの意味を考えてみたい。

〈後期近代〉への突入と「ヤケクソ型犯罪」

日本は、掛け値なく世界一安心で安全な国であると断定できる。道端に堂々設置されている自動販売機から、おカネが奪われないのは日本ぐらいなものである。あれは海外では

おカネのつまった金庫なのだ。そういえば、一九九一年に住んでいたイギリスのエディンバラでも、道端の公衆電話の三分の一くらいは破壊されていて使えなかった。

犯罪率の国際比較はなかなか難しいのだが、たとえば暗数（統計から漏れる数）が少ないといわれる殺人の発生率を比較しても、日本はアメリカの一五〜一七分の一、ヨーロッパ各国の三分の一から四分の一、お隣の韓国や中国と比べても二分の一から三分の一ぐらいである。

しかも意外に思われるかもしれないが、すでに簡単に触れたが、歴史的にみると、たとえば殺人事件が最も多かったのは、映画『ＡＬＷＡＹＳ三丁目の夕日』の舞台にもなった一九五〇年代である。このころは、殺伐とした現在に比べると、なんとなく牧歌的な時代だったようなイメージがあるが、じつは戦後の歴史上、最も治安が悪かったのである。

いまは、その時代と比較すると、殺人の発生率は五分の一〜六分の一ぐらいになっている。じつは現代という時代は、日本では歴史上最も殺人が少なく、きわめて安全で安心な状況になっているといえるのだ。

ようするに、世界のどんな国よりも、日本はとんでもなく安全で安心な国である。ところが不思議なことに、犯罪は圧倒的に少ないのだが、時折海外ではあまりみないような奇妙な事件がおきる。物取りや怨恨などの、確たる動機がみあたらない無差別型の犯罪や、

「死刑になりたい」「人生を終わりにしたい」といった動機による不可解な事件である。私はそれを、自暴自棄による「ヤケクソ型犯罪」と呼んでいる（佐藤直樹『犯罪の世間学――なぜ日本では略奪も暴動もおきないのか――』青弓社、二〇一五年）。

気になるのは、近年になってそれがやたらと目立つようになっていることだ。目立つということは、メディアを含めた「世間」において、積極的に言説化されるようになったということである。結論的にいえば、私はここにも、一九九八年以降の〈後期近代〉への突入による「再埋め込み」があり、「世間」が復活・肥大化して不寛容になり、同調圧力がつよまった影響があらわれていると考えている。

この無差別的に人に危害を加える「ヤケクソ型犯罪」は、一九九〇年代以降の事件を拾ってみても、一九九九年「池袋通り魔殺人事件」「下関通り魔殺人事件」、二〇〇一年「附属池田小事件」、二〇〇五年「仙台アーケード街トラック暴走事件」、二〇〇八年「土浦連続殺傷事件」「秋葉原無差別殺傷事件」などがある。

秋葉原以降でも、二〇一〇年「取手駅通り魔事件」、二〇一二～一三年「『黒子のバスケ』脅迫事件」、二〇一八年「東海道新幹線車内殺傷事件」、二〇一九年「川崎登戸通り魔事件」などである。

さらに、ごく最近の無差別型の事件を挙げておくと、二〇二一年「小田急線刺傷事件」

「京王線刺傷・放火事件」「大阪市北新地ビル放火殺人事件」、二〇二一年「焼き肉店立てこもり事件」「高２生共通テスト刺傷事件」「福岡ゆめタウン刺傷事件」「渋谷通り魔事件」などである。

もちろん、動機のはっきりしない無差別型の「ヤケクソ型犯罪」は、九〇年代以前にも存在した。岡邊健さんは、一九八〇年から二〇一六年にかけて（一部統計が切れている時期もあるが）無差別型の「通り魔殺人」（未遂も含む）がほぼ毎年数件程度おきていて、「無差別殺傷についてもゼロ年代以降の事件数がそれ以前より多くなっているとはいえない」という（岡邊健「ゼロ年代以降の殺人を犯罪学から読み解く」『中央公論』二〇二二年十二月号）。

ここで興味深いのは、現在もそうであるが、これらの無差別型の犯罪が、「世間」では「通り魔事件」と呼ばれてきたことだ。音楽ライターの磯部涼さんは、「そのように人間の外部のものが犯罪に踏み込ませてしまうという犯罪観、『時代の悪魔・場所の悪魔に乗り移られたんだ、くわばらくわばら』みたいな感覚が、いまだに日本にはあるんじゃないかと思います」と指摘する（インベカヲリ★／磯部涼「凶悪犯罪から垣間見る日本社会」『中央公論』二〇二二年十二月号）。

つまり日本では伝統的に、動機なき事件の不可解さにたいして、「通り魔」という超越的存在をもち出して事件を理解してきた。そのことで、犯罪がおきて不安定となった「世間」の共同感情が、「くわばらくわばら」とそれを恐れつつ、元の安定した状態を取り戻すことができたということだ。

いうまでもないが、これは「世間」に、「大安・友引」ルールという、つよい呪術的な意識が存在するからである。前述したように、それはあたかも、中世ヨーロッパにおいて、森や空などの「大宇宙」にいる化け物や魔物が、人間が生活する「小宇宙」に登場して、いきなり人間が襲うと考えられたことと変わらない。ようするにここにも、〈前近代〉の意識が露出しているのだ。

私の記憶でも、動機なき無差別犯罪があっても九〇年代以前には、メディアも「世間」もあまり動機にこだわらず、「通り魔」ということでほとんど問題視しなかったように思う。つまり、昨今のような言説化のされ方はしなかった。それは岡邊さんのいうように、未遂事件が報道されにくいとか、精神疾患がある場合に報道が抑制されるという理由があったのかもしれない（「ゼロ年代以降の殺人を犯罪学から読み解く」）。

ただし、凶悪事件としてメディアで大々的に報道されたものもある。六人が殺害された一九八〇年「新宿西口バス放火事件」や、四人が殺害された八一年「深川通り魔事件」は、歴史にのこる大きな事件であった。しかしここで注意しておきたいのは、これらの八〇年代の事件は、犯人が覚醒剤の常習者であったり、精神病院に入院歴のある者によるものであったことである。

最近おこる「ヤケクソ型犯罪」は、覚醒剤や精神病による幻覚妄想などとはまったく無縁なところで、ごくふつうに暮らしている人間が、「死刑になりたい」として、いきなりキレておこす事件がほとんどで、これらの事件とはかなり異なっている。

「附属池田小事件」における「宿命主義」の登場

再度確認しよう。ここでの問題は、かつてそれほど目立たなかった「ヤケクソ型犯罪」が、しかも確たる動機がみあたらない無差別型の犯罪が、一九九八年あたりの〈後期近代〉への突入以降、明らかに目立つようになったことの意味である。言い換えれば、メディアを含めて、積極的に言説化されるようになったことの意味である。

元刑務官の坂本敏夫さんは、「死刑になりたい」という動機による犯罪は、「私の記憶では、二〇〇一年に起きた『附属池田小事件』の元T死刑囚からですよね。それ以前はあまり『死刑になりたい』と訴える無差別殺傷はいなかったでしょう。逆に言えば、これが失敗ですよ。死刑になりたい奴を、最速で執行したわけですから」と指摘する(『「死刑になりたくて、他人を殺しました」』実名表記を改めた)。

ここで確認しておきたいのは、「死刑になりたい」という動機の犯罪が海外でほとんどおきないのは、とくにEUをはじめ欧米諸国では、米国を除いて死刑制度を停止または廃止しているからである。その米国でも半分の州では、死刑を停止か廃止している。

これは、日本の死刑制度の存在自体が、無差別型犯罪を誘発していることを示している。じつは死刑は、「死刑になりたい」という動機をもつ犯罪者にたいしては、まったく無力であり、殺人の抑止力にはなっていないのだ。

ただし、欧米では銃を使った凶悪犯罪の場合に、事件現場で銃撃戦になり犯人が警察官に射殺されることも多い。それゆえ、実質的に「死刑になりたい」という動機による無差別型の犯罪が、まったくないとはいえないかもしれない。

それはともあれ、私の印象でも、「死刑になりたい」という奇妙で不可解な動機の事件がメディアなどで言説化されるのは、〈後期近代〉に突入し、「世間」への「再埋め込み」がはじまったこのあたりからである。

二〇〇一年六月におきたこの事件は、T元死刑囚（37歳）が、大阪教育大学附属池田小学校に包丁をもって乱入し、教室にいた児童八人を殺害し、児童一三人、教師二人を負傷させたという衝撃的なものであった。これは、〈後期近代〉以降の司法の「厳罰化」の流れのなかで、「心神喪失者医療観察法」成立のきっかけともなった。

公判では、T元死刑囚は事件をおこしたことについて、「世間」にたいして一切の反省も謝罪もしなかった。すでにのべたように、日本では不始末をしでかしたようなときには、必ず「世間」への謝罪を強いられる。新型コロナに感染したときでさえそうであった。ましてやそれが重大犯罪となれば、事件への反省も謝罪もなければ、「世間」の非難は頂点にたっする。

裁判では、T元死刑囚に精神病院への入院歴があったので、責任能力の有無が争われた。公判段階で二つの精神鑑定が提出され、一つ目の鑑定では「妄想性人格障害」「非社会性人格障害」「情緒不安定性人格障害」、二つ目の鑑定では「いずれにも分類できない特異な心理的発達障害」「人格障害があり、その核心は、他者に対して冷淡、残忍、冷酷な情性欠如である」などとされた。

二〇〇三年八月の判決公判では、裁判長の判決朗読前にT元死刑囚が、「最後にちょっと言わせてえな」「どうせ死刑になるんやったら、言わせてくれ。たったメモ3枚や」「今までおとなしくしとったんや。それぐらいあってもええやないか」などの不規則発言で、退廷を命じられるという異例の事態となった（『朝日新聞』二〇〇三年八月二十八日夕刊）。

裁判所は被告の責任能力を認めた上で、つまりT元死刑囚は正常であるとして、死刑判決を言い渡した。これにたいして判決を不服として弁護人が控訴したが、T元死刑囚は自ら弁護人の控訴を取り下げ、判決が確定した。
最近では、死刑の判決確定から執行までの期間は、平均七年ぐらいだという。ところがきわめて異例のことなのだが、判決確定からわずか一年後の二〇〇四年九月に、T元死刑囚の死刑が執行された。これは戦後の司法の歴史のなかでは、判決確定後最速の執行であるという。死刑は本人が望んでいたことで、「これが失敗ですよ」と坂本さんがいうのは、死刑の執行が本人の願いをかなえたにすぎなかったからである。
いったいT元死刑囚は、なぜこんな大量殺人事件をおこしたのか。裁判所の「判決要旨」によれば、犯行の動機は以下のようなものだという。

その内容は、3番目の妻への恨みが社会全体に対する恨みに転化し、後悔の連続であった自分の苦しい思いを多くの人々にわからせてやろう、ありふれた事件ではなく大量殺人をやろう、小学生なら逃げ足も遅く大勢を殺せる、名門の小学校を襲った方が反響が大きい、それが父親や3番目の妻に対する復しゅうにもなる、などと考えて犯行を決意したというものである。

これを読んでも、小学校での大量殺人という結果の重大性と、T元死刑囚の動機の内容の間に大きな断絶があって、容易には理解しがたい。父親や元妻への私的恨みが一気に無差別型の大量殺人に飛躍しているのだ。

あえて池田小をねらった理由について、新聞はつぎのように伝えている。

なぜ池田小だったのか。「そこらの子を殺すより、裕福で頭のええ、将来有望な人間を殺す方が自己満足がある」「勉強ができる子でも、いつ殺されるか分からないという不条理を分からせたかった」と言い放った。殺傷した児童の数や場所は「覚えていない」。子供の悲鳴も「聞こえなかった」。ただ「やりだしたら止まらへん」。

事件前日には、ダンプカーで繁華街に突っ込むことやスチュワーデスを空港で次々に刺すことも考えた。「前日に戻れるならダンプカーを使う。その方が数もいけた」。大量殺人の理由について「生きていく魅力がこの世の中にない。人生の幕引きに道連れにするつもりだった」と話した。（『朝日新聞』二〇〇三年八月二十九日）

事件の動機として考えられるのは、父親や元妻や社会にたいするルサンチマンであり、「人生の幕引き」という自暴自棄によるヤケクソの心情である。私はヤケクソになりやすいのは、「世間」に生きる日本人の特徴だと思っているが、この問題はあとで考えてみたい。

もちろん彼のいう動機は、完全に自己中心的でまったく身勝手なものではある。だがここでの問題は、彼の犯罪が〈狂気〉によるものでないとすれば（判決では責任能力が認められている）、このようなT元死刑囚の「諦念」やルサンチマンややケクソの感情が、いったいどこから出てきたのか、ということだ。

二〇〇三年五月の死刑求刑公判の後に、T元死刑囚が書いたとされる「獄中手記」のなかにそのヒントがある。

カッとなって人を殺すのも素質、イライラするのも素因、素質なのである。実際もうそのほとんどが生まれた段階で決まっているのである。後は、幼児教育そして運である。〔略〕

けったいなオヤジ、頭の非常に回転の悪い、不安定な母親そして、悪いランクの精子と卵子の受精によるこの世の生受け、前頭葉に機能障害がある可能性を鑑定医が示さした。前頭葉か、何か、知らんが、おかしいに決まっている。人間は、生まれながらにして、そのほとんどが決まっているのである。

（『フライデー』二〇〇三年七月十一日号）

T元死刑囚は「人を殺すもの素質」であり、「けったいなオヤジ」「不安定な母親」「悪いランクの精子と卵子の受精」によって生まれたという。そして「人間は、生まれながらにして、そのほとんどが決まっている」と断定する。ここにあるのはある種の「運命決定論」である。

驚くのはここに、明らかに「宿命主義」が露出していることだ。その意味で、昨今の若者の「親ガチャ」とも同じ根っこをもっている。先に確認したように、若者に広がる「宿命主義」は、〈後期近代〉の「再埋め込み」によって、「世間」が復活・肥大化した結果生まれてきたものだ。それが、〈後期近代〉突入直後の、二〇〇〇年代初めにおきた「附属池田小事件」にすでに露出しているのだ。

T元死刑囚に公判中一貫して反省と謝罪を求めた担当弁護士は、「生まれながらの殺人鬼などありえません。彼の主張を認めることは、親子の愛情を否定し、家庭の敗北、教育の敗北、学校の敗北、精神医学の敗北、司法の敗北、そして社会の敗北を認めるのと同じです」と語ったという（同右）。

「死刑になりたい」という奇妙な犯罪動機の背後には、自暴自棄の心情があり、この「宿命主義」がある。この弁護士のいうように、「宿命主義」を認めることは、社会の敗北を認めることである。なぜなら、「宿命主義」の根底にあったのは、〈前近代〉の「身分制」であり、その「身分制」を克服したのが〈近代〉だったはずだからである。

言い換えれば、「宿命主義」を胚胎するのは、「身分制」のルールをもつ「世間」であり、「宿命主義」的な考えを否定してきたのが、明治時代に日本に輸入された〈近代〉としての社会である。ところが日本では、社会はあくまでもタテマエであり、「世間」の「宿命主義」こそホンネであったのだ。

「宿命主義」の復活は、〈後期近代〉における「世間」への「再埋め込み」によるものであり、「身分制」からの解放である「脱埋め込み」を示す〈近代〉そのものの否定を意味する。それが、先にのべてきたような、若者だけではなく、〈後期近代〉に入ったいま、日本全体を席巻するようになっている。これが「息苦しさ」や「閉塞感」を招かないわけがない。

「死刑になりたい」という自暴自棄による「ヤケクソ型犯罪」には、こうした現下の日本の「世間」のあり方の本質が確実に投影されているのだ。

「死刑になりたい」という動機の奇妙さ

「死刑になりたい」という理由による無差別型の犯罪が、〈後期近代〉への突入以降の「世間」の復活・肥大化のなかで、明らかに目立つようになっている。メディアにおいては、それが頻繁に言説化されるようになっている。二〇二一年十月におきた「京王線刺傷・放火事件」では、事件をおこした動機として「死刑になりたかった」ことが、はっきりと語られている。

東京都調布市を走行していた京王線特急内で乗客17人が負傷した事件で、殺人未遂容疑で現行犯逮捕された男が「仕事や友人関係がうまくいかず、人が多いハロウィンの日に大量殺人を計画した」と供述していることが1日、捜査関係者への取材で分かった。警視庁調布署捜査本部は、計画的に無差別殺傷しようとした可能性もあるとみて、慎重に調べている。

逮捕されたのは住所・職業不詳のH容疑者(24)。調べに対し容疑を認め、「今年6月ごろに仕事で失敗し、友人関係もうまくいかず、死にたかった。自分では死ねないので、2人以上殺して死刑になりたかった」などと話している。被害者らとはいずれも面識はなかったとみられる。

特急列車で犯行を狙った理由については、「駅と駅の間の走行時間が長く、犯行に適していた。（8月に発生した）小田急線の刺傷事件を参考にした」という趣旨の説明をしているという。

犯行前には、ハロウィンでにぎわう渋谷駅周辺を30分ほど歩いていたことも判明。服部容疑者も米人気コミック「バットマン」に登場する悪役「ジョーカー」の装いをしていた。「人を殺すジョーカーにあこがれていた。犯行の勝負服として購入した」などと話している。（『sankei com』二〇二一年十一月一日　実名表記を改めた）

事件をおこしたH被告は、福岡市の高校を卒業後、介護ヘルパーやインターネットカフェの店員などの仕事を転々としていたが、仕事ぶりは真面目だったという。ところが二一年六月に、携帯電話関連会社を客とのトラブルで退職した。

その後七月末に福岡市を離れ、消費者金融で借金をしながら、神戸と名古屋のビジネスホテルを転々とした。八月に小田急線の事件を知り、ハロウィンの日に電車で、死刑になるための大量殺人をおこすことを決意し、事件直前には都内のホテルに宿泊していたという。

注目したいのは、もともと彼は「死にたかった」という、かなりつよい自殺念慮をもっていたことである。一九九八年の〈後期近代〉への突入以降、日本では自殺者が急増したことはすでにみた。さらに、昨今の新型コロナ禍のなかでの「世間」の同調圧力の増大による、「息苦しさ」や「閉塞感」のつよまりも、その背景にあると考えられる。

また、H被告が「ジョーカー」のコスプレにこだわったのは、すでに触れたように、若者のバイトテロと同じで、「世間」にたいするつよい承認欲求のあらわれであろう。そしておそらく、彼の眼前にあったのも、個人と個人がつながりウチとソトを区別しない社会ではなく、そこからいったん排除されると、徹底して孤立してゆく「世間」だったのではないか。

社会はウチとソトを区別しないから、原理的に日本の「村八分」のようなことは生じにくい。欧米では社会的貧困にたいしては、「無償の贈与」としての教会や民間ボランティア組織による援助活動が活発である。しかし日本では、「世間」のウチの人間にたいしては、「相互扶助共生感情」が働き熱心に援助するが、「世間」のソトの人間にたいしては、まったくの無関心となる。

だから日本では、いったん「世間」から排除され、社会的貧困におちいった場合に、「世間」に復帰するのはきわめて困難である。とくに〈後期近代〉への突入以降、「世間」では、「貧乏なのはお前の努力が足りないからだ」との「自己責任論」が席巻している。そのことから生まれる孤立感や絶望感は、きわめて深刻である。

いったん「世間」から排除されれば、その孤立感や絶望感が、「世間」への復讐感情に容易に転化しうることになる。のちに触れる秋葉原の事件では、殺害の意思がたまたま秋葉原の交差点を歩いていた通行人に向き、京王線の事件では、それがたまたま居合わせた電車の乗客に向いた。だからこれらの事件では、ある意味、ターゲットは「無差別」であるようにみえるが、じつは「世間」が本来のターゲットであったともいえる。

それはともあれ、ここで二〇二二年以降の無差別型の事件で、「死刑になりたい」という動機がはっきりしているものを挙げておこう。まず、実家のある長崎県から上京して、新宿で二週間ほど路上生活をしていた男性（28歳）が、「死刑になって人生を終わらせたい」として、渋谷区の焼き肉店に店長を人質に立てこもった、二二年一月の「焼き肉店立てこもり事件」がある。

この事件についてある捜査幹部は、「『社会や境遇に不満を持ち、自暴自棄になっている』と、昨年八月の小田急線や十月の京王線の事件で逮捕された容疑者との共通点」を指摘している。（『東京新聞』二〇二二年一月十八日夕刊）。この被告には三月に東京地裁で、「路上生活を送る中で自暴自棄になって本件に及んだ」とされ、被害者に謝罪し一部弁償をしていることなどが考慮されて、懲役二年六カ月保護観察付き執行猶予四年が言い渡された。

また、二二年七月の「福岡ゆめタウン刺傷事件」では、無職の女性（32歳）が福岡市の商業施設で、「死にたいと思っていて、たまたますれ違った男の子を刺した。子どもを殺せば死刑になると思った」として、男子中学生の首を切りつけ殺害しようとした。この女性は、四月にもべつの商業施設でも、小学生の首を締める事件をおこしているという。

さらに八月の「渋谷通り魔事件」では、中学一年の冬ごろから不登校になっていた中学二年の少女（15歳）が、「死刑になりたいと思い、たまたま見つけた2人を刺した」として、路上を歩いていた母親と娘の背中などを包丁で刺したという。

捜査関係者によれば少女は、「『自分の母親と弟を殺すための練習だった』とも供述。『まず母親を殺そうと思っていた。残される弟もかわいそうなので、一緒に殺そうと考えていた』と説明している」という（『東京新聞』二〇二二年八月二十二日）。

母親と弟を殺そうとしたという、にわかには信じがたい動機といえるが、じつは現在日本でおきる殺人事件の約半分は家族間で生じる。この比率は欧米と比較すると圧倒的に多い。「家族を殺そう」と思うことは、日本ではそれほど珍しいこととはいえないのだ。

こうした「死刑になりたい」という動機は、いったい何を意味するのか。阿部恭子さんは、「焼き肉店立てこもり事件」の犯人について、つぎのようにいう。

「自殺したいんでしょうね。死刑になりたいというのは、自殺願望でしょうね。確実に死ねるから。『死刑になりたい』と言っていた人に聞きましたけど、『自殺だと失敗して障害者になると困るから、死刑だと絶対に死ねる』と言っていました。その人は、大きい事件は起こしていないですけど。現実的に自殺って難しいんじゃないですか。死刑は確実で、最低限の苦痛だといわれてますから」

（『「死刑になりたくて、他人を殺しました」』）

何度も確認しておきたいが、日本は殺人などの凶悪事件がきわめて少ない、世界一安全で安心な国である。ところが、けっして多くない事件のなかで、こうした「死刑になりたい」というかなり不可解な犯罪が、〈後期近代〉への突入による「世間」の復活・肥大化によって、明らかに目立つようになった。

阿部さんが指摘している通り、確実に死ねるという点で、日本の死刑制度は「死刑になりたい」という人々からとてつもなく信頼されている、とでもいえばよいのか。インベカヲリ★さんのいうように、日本の死刑制度は、こうした人たちにとって「形の違う安楽死のようなもの」（同右）となっているのだ。

じっさいに、二〇一三年の法務総合研究所の『法務総合研究所研究部報告五〇　無差別殺傷事犯に関する研究』によると、〇〇年三月から十年間の間に判決が確定した元被告五二人のうち、犯行前に自殺を図っていた者の割合が二三人の四四・二%になるという。その理由は、「人生が思いどおりにならない」「所持金が尽きて生活が行き詰まり八方塞がり」「引きこもり生活で何もかも嫌になった」などであるとされる。

つまり無差別殺傷事件の半分ぐらいは、自殺未遂経験者によるものであることになる。たしかに、「秋葉原無差別死傷事件」でも「東海道新幹線車内殺傷事件」でも、犯人は事件前に自殺未遂をくり返している。

なぜそうなるのか？　ここでのポイントは以下のようになる。

すでにのべたように、日本はもともと先進国のなかでは、最悪の自殺率になっている。欧米社会に比べて明らかに自殺率が高いのは、日本には欧米には存在しない「世間」があり、そこでのさまざまな「世間のルール」によって、人々の行動ががんじがらめに縛られているからである。

これが生み出す「息苦しさ」や「閉塞感」はきわめて大きく、それがストレスを蓄積させる。たとえば、先輩のいうことにはゼッタイに従えという「先輩・後輩」ルールを考えても、これを学校や会社でつねに要求されることは、ひどいストレスとなるはずだ。

「世間」にがんじがらめに縛られているので、かりに逸脱行為があっても、それが犯罪にいたる前に、「世間のルール」違反ということで、犯罪の発生が抑止される。しかし、ストレスが解消されることはないので、それが自殺に向かうが、一部は「死刑になりたい」という動機の無差別型の犯罪に向かう。

もちろんここには、「所持金が尽きて生活が行き詰まり八方塞がり」などの貧困や格差によって生活が破綻し、「人生が思いどおりにならない」など人生に絶望するという深刻な問題が根底にある。しかしとくに、一九九八年に自殺者が急増した背景には、〈後期近代〉への突入にともない、「再埋め込み」による「世間」の復活・肥大化があり、同調圧力の増大で「息苦しさ」や「閉塞感」がつよまったことがある。

これが、九八年以降「死刑になりたい」という動機による無差別型の殺傷事件が明らかに目立つようになり、メディアなどで積極的に言説化されようになった理由だ。

いきなりキレて自暴自棄になるということ

自暴自棄による「ヤケクソ型犯罪」の典型が、二〇〇八年六月八日におきた「秋葉原無差別殺傷事件」である。これは、よく知られているように、当時歩行者天国になっていた秋葉原の交差点に、K元死刑囚（26歳）が二トントラックで突っ込み、通行人をひいた上で、ダガーナイフを振り回し七人を殺害し、一〇人を負傷させたという前代未聞の無差別殺傷事件である。

K元死刑囚は二二年七月に死刑が執行されたが、興味深いことに、彼によって一貫して動機として語られたのが、つぎのようなことである。

彼は携帯サイトに大量に文章を書き込んでいたが、「あらし」や「成りすまし」によって、事実上掲示板が使えなくなって孤立していた。彼にとってネットでの孤立が、最大の恐怖だった。彼はいう「孤立すれば、自殺はもう目の前です。私は肉体的な死には特に感じるものはありませんが、社会的な死は恐怖でした」（加藤智大『解』批評社、二〇一二年）。さらに、「成りすましらとのトラブルだけが事件の動機」であると断定し、「掲示板で宣言したうえで、その通りに大事件を起こし、それを報道で知った成りすましらに心理的に痛みを与えること」、ようするに「秋葉原無差別殺傷事件という凶器で成りすましらを攻撃」することだという（同右）。

K元死刑囚によれば事件の動機とは、ネット上の「成りすましらに心理的に痛みを与えること」であるというのだ。これを読んでも、動機のあまりの軽さと、死傷者一七人という結果の重大性との間にひどい乖離や断絶がある。ようするに納得できるような理由がなく、動機がさっぱり分からないのだ。

事件の十日ほど前にネット上で、「食欲が無くともお腹は空くのですね。イライラがつのるばかりです」との彼の書き込みにたいして、「不細工でも苛々するんだな」という「名無し」のレスがあり、「何か壊れました。私を殺したのはあなたです」（二〇〇八年五月三十日）と書き込んで、たぶん彼はこのとき決定的にキレている。

そして、「みんな死ねばいいのに」「秋葉原はカップルだらけだった。意味分からん」（五月三十日）と、秋葉原を意識していることを示唆している。さらに「土浦で何人か刺した奴を思い出した」（六月四日）と、直前におきた無差別型の事件である「土浦連続殺傷事件」を引き合いに出し、無差別殺人を匂わせている。

このことは、「ジョーカー」のコスプレをして犯行に及んだ、「京王線刺傷・放火事件」でもそうである。犯罪の事前の準備は、電車に放火するためにライターのオイルを購入するるなど、きわめて周到におこなっているのだが、外部からみれば、いきなりキレて自暴自棄になったようにしかみえないのだ。

先に触れたようにH被告は、「仕事で失敗し、友人関係もうまくいかず、死にたかった」といっている。彼は、仕事でも友人関係でも徹底的に孤立し、追い詰められた末に自暴自棄におちいり、外部からみれば、無差別に人に危害を加える確たる動機もなく、いきなりキレてしまったようにみえる。

さらに、通っていた心療内科クリニックを放火し二六人を殺害した、二〇二一年十二月におきた「大阪市北新地ビル放火殺人事件」もそうである。

精神科医の片田珠美さんは、この事件を自殺のさいに他人を道連れにしようとする「拡大自殺」であるとして、つぎのようにいう。「幸せだった生活への愛着と、対照的な深い孤独の中、社会への復讐願望を強め『一人で死んでたまるか』と考えた。その場所として唯一接点があったクリニックを選んだのではないか」と(『読売新聞』二〇二一年十二月二十六日)。

死亡した容疑者男性(61歳)が深い孤独のなかで、自殺を企図するほど追い詰められていたことはたしかであろう。男性が亡くなったため犯行の動機が不明であるが、放火したクリニックとのあいだになにかトラブルがあった可能性もある。だが、なにか動機があったにしても、その動機と二六人殺害という結果の重大性との断絶があまりに大きい。

彼は、生活保護の申請をしていたが認められず、口座残高が0になるという完全に追い詰められた生活状況となっていた。放火するという犯行はつよい意思によって用意周到におこなわれているが、それでもなお唐突におこなわれたという印象がぬぐえない。つまり、きっかけはなにか分からないが、彼もどこかで自暴自棄になり、いきなりキレているようにみえる。

キレるという行為は、それまでの行為にいたる動機なり経緯なりと、行為の結果との間に断絶やひどい落差があることを意味する。外部からみれば、動機の軽さと行為の結果の重大さがまったく釣り合っていない。つまり、自暴自棄になりヤケクソをおこしているという以外に、確たる動機がないということだ。

私は、この自暴自棄になったり、ヤケクソになったり、キレたりするという事件の動機となった心情は、じつはもともと「世間」が伝統的にもっていた日本特有のものではないのかと考えている。それが、〈後期近代〉への突入以降に伝統的な「世間」の復活・肥大化が生じ、こうした犯罪が目立つようになり、言説化されるようになった理由ではないのか。

日本特有の心情としてのヤケクソ

このヤケクソについて、きわめて興味深いことを指摘しているのが、さきに簡単に触れた和辻哲郎さんである。和辻さんは、台風に代表されるような日本の「モンスーン的」な人間の存在のあり方を、「受容的・忍従的」であるという。そこから生まれたのが、ヤケ(自暴自棄)だとして、つぎのようにいう。

暴風や豪雨の威力は結局人間をして忍従せしめるのではあるが、しかしその台風的な性格は人間の内に戦争的な気分を湧き立たせずにはいない。だから日本の人間は、自然を征服しようともせずまた自然に敵対しようともしなかったにかかわらず、なお戦闘的反抗的な気分において、持久的ならぬあきらめに達したのである。日本の特殊な現象としてのヤケ（自暴自棄）は、右のごとき忍従性を明白に示している。

（『風土』）

ここでいわれているように、和辻さんは、日本の暴風や豪雨などの「台風的な性格」をもつ風土に規定される日本人は、自然を征服したり敵対するのではなく、自然に「忍従」することによって、「あきらめ」と同時に、「日本の特殊な現象としてのヤケ

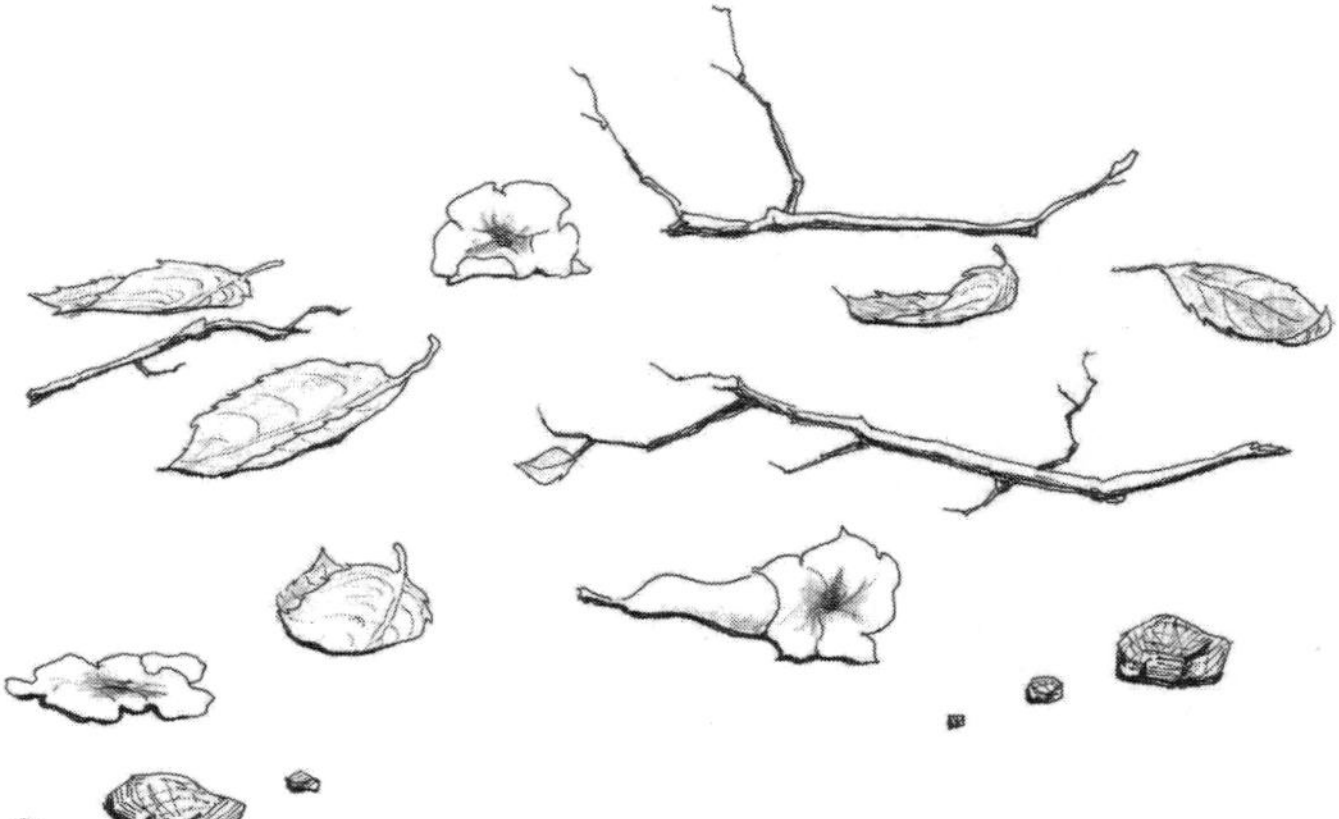

（自暴自棄）」を生み出すという。ここでのポイントは、ヤケが「日本の特殊な現象」とされていることである。

そこで日本の人間の特殊な存在の仕方は、豊かに流露する感情が変化においてひそかに持久しつつその持久的変化の各瞬間に突発性を含むこと、及びこの活発なる感情が反抗においてあきらめに沈み、突発的な昂揚の裏に俄然たるあきらめの静かさを蔵すること、において規定せられる。それはしめやかな激情、戦闘的な恬淡である。これが日本の国民的性格にほかならない。（『風土』）

いきなりキレて自暴自棄になり、確たる動機のない無差別型の事件がおきるようにみえる状況を、和辻さんは「豊かに流露する感情が変化においてひそかに持久しつつその持久的変化の各瞬間に突発性を含む」という。特徴的なのは、この「突発的な昂揚」の裏側に、「あきらめの静かさ」が同時に存在するということだ。それはたとえばキリシタン迫害のさいの殉教者の態度にみられるように、「淡白に生命を捨てる」（同右）というかたちであらわれるという。

おそらく、和辻さんのいうこの「淡白に生命を捨てる」という心情が、無差別型の事件の動機としての「死刑になりたい」という心情につながっている。また「拡大自殺」とされる「大阪市北新地ビル放火殺人事件」でも、現場に設置された防犯カメラの映像によれば、容疑者男性はクリニックに放火したあとで、自分は逃げる様子がなかったそうであるから、それが典型的にあらわれている。

またこうした心情は、「あきらめ」の心情とメダルの裏表の関係にある。興味深いことに、哲学者の九鬼周造さんも、「日本的性格」の三つの契機として、「自然、意気、諦念」を挙げている。その「諦念」について、以下のようにいう。

その他一般に諦念、諦め、あっさり、さっぱりとしたところが日本的性格として日本文化の一特色をなしている。実践上でも物にこだわらないこと、思い切りがいいことが貴ばれる。執着に反対の恬淡、ごてごてした趣味に反対のさっぱりした趣味、それがあらゆる方向に看取される。（九鬼周造『人間と実存』岩波書店、一九三九年、仮名遣いを改めた）

「諦念」や「あきらめ」は、先述したように、若者の「宿命主義」の根底にある心情である。また「持久的ならぬあきらめ」や「あきらめの静かさ」は、和辻さんも指摘するところである（『風土』）。

日本人は、この「諦念」の表現として「しかたがない」というコトバをよく口にする。二〇一一年の東日本大震災のときにも、避難所の被災者がこの呪文のようなコトバを多く語ったといわれる。

災害時に限らず、日常的に頻繁に使われる日本人の「しかたがない」について、政治学者のK・ウォルフレンは、多少のイラ立ちを込めながら、つぎのように批判している。

「シカタガナイ」というのは、ある政治的主張の表明だ。おそらくほとんどの日本の人はこんなふうに考えたことはないだろう。しかし、この言葉の使われ方には、確かに重大な政治的意味がある。シカタガナイと言うたびに、あなたは、あなたが口にしている変革の試みは何であれすべて失敗に終わる、と言っている。つまりあなたは、変革をもたらそうとする試みはいっさい実を結ばないと考えたほうがいいと、他人に勧めている。「この状況は正しくない、しかし受け入れざるをえない」と思うたびに「シカタガナイ」と言う人は、政治的な無力感を社会に広めていることになる。本当は信じていないのに、信じたふりをしてあるルールに従わねばならない、という時、人はまさにこういう立場に立たされる。（カレル・ヴァン・ウォルフレン『人間を幸福にし

ない日本というシステム』篠原勝訳、毎日新聞社、一九九四年）

すでに触れたように、「社会変革」というコトバはあるが「世間変革」というコトバはない。「世間」は所与のもので、それを変えられるとは誰も思っていない。このことを象徴的に表現しているのが、まさに「しかたがない」というコトバなのだ。

くり返すが、いま「世間」が肥大化し、社会が消滅している。じつはウォルフレンは、「しかたがない」批判を通じて、日本では、もともと変革をもたらすような社会が希薄であることを指摘しているといえる。ここで重要なことは、〈後期近代〉への突入以降目立っている、日本の自暴自棄による無差別型の犯罪に、こうした「あきらめ」という「日本的性格」そのものが、明らかに露出しているということである。

もちろん欧米でも、無差別型の大量殺人事件はおきる。ただし、私の感じでは、多くは確たる動機があるという点で、日本とはかなり違うように思う。

たとえばヨーロッパでは、二〇一一年にノルウェーのオスロとウトヤ島でおきた「ノルウェー連続テロ事件」は、世界に衝撃を与えた。オスロ政府庁舎の爆破と、当時政党の集会が開かれていたウトヤ島での銃乱射によって、なんと七七人が殺害され、一〇〇人以上が負傷した。

それでも裁判での判決は、日本ではおよそ考えられないが、最低一〇年〜最高二一年の禁固刑というものであった（ノルウェーはEU未加盟国であるが、死刑制度はない）。この事件は、移民排斥を訴える極右の思想をもった男性（32歳）がおこした政治的な確信犯罪で、はっきりとした殺害の目的があり、確たる動機のない自暴自棄やヤケクソ型の犯罪の匂いがほとんどしない。

アメリカでは、高校や大学での銃乱射事件が頻発している。そのなかでも、三二人が殺害された二〇〇七年「バージニア工科大学銃乱射事件」がよく知られている。犯人は在学中の韓国系の男子学生（23歳）で、事件直後自殺している。

彼は大学と学生に明確な反感や恨みをもっていて、大学を襲ったのは学生や教員への「憎悪と復讐」という明確な目的があり、厳密には無差別に大学を狙ったものとはいえない。動機がはっきりしている点で、これも自暴自棄による「ヤケクソ型犯罪」とは違う。

総じていえば、とくに〈後期近代〉への突入以降、人種・民族・宗教をめぐる対立が激化している欧米では、無差別型の大量殺人事件といっても、人種や民族や宗教をめぐる恨みであるとかヘイトであるとか、動機が明確な場合が多い。自暴自棄におちいり、確たる動機をみいだせない無差別型の事件をおこす日本とは、かなり異なるように思う。

ではいったい、和辻さんのいうように日本では、なぜ人間の存在のあり方が「突発的」

になるのか。木村敏さんは、西洋人と日本人の対人関係の違いを、つぎのように説明する。

西洋人は西洋の風土と同様に規則的・合理的にできているから、西洋での対人関係を維持するこつは、相手がいついかなる行動に出るかを予想し、自分がこう振る舞えば相手はこう応じてくるという規則を身につけて、自分自身が規則的・合理的に行動するということに尽きる。自分と相手との間に遠すぎも近すぎもしない至近距離を保って、その距《へだた》りの上で相手の動きを観察して自分の動きを定めていけばそれでよい。ところが日本人の間では、このような対人関係は成立しえないのである。

突発的な激変の可能性を含んだ予測不可能な対人関係においては、日本人が自然に対して示すのと同じように、自分を相手との関係の中へ投げ入れ、そこで相手の気の動きを肌で感じとって、それに対して臨機応変の出方をしなくてはならない。自分を相手にあずける、相手次第で自分の出方を変えるというのが、最も理にかなった行動様式となる。このようにして、日本人の人と人との間は或る意味では無限に近い、密着したものとなる。（『人と人との間』）

木村さんは、西洋人の対人関係は予測可能だが、日本人では、相手の対応によって関係が突発的に激変するので予測不可能だという。もともと「世間」のなかでは、「共通の時間意識」のルールによって個人が存在しないから、「自分は自分。他人は他人」になりにくい。人間関係が「無限に近い、密着した」ものとなり、他人の意思にひきずられやすいのだ。

言い換えれば日本人は、西洋人と比べると「世間」からの同調圧力を受けやすい。たとえばこのことを、秋葉原事件のK元死刑囚は著書のなかで、自身のことを「『自分』がない人」(『解』)といっている。

意思決定は個人によってなされるのではなく、相手との関係に自分を投げ入れることによってなされる。そのため、その都度その都度相手と対面してみないと、どういう意思決定になり、どういう行動になるか分からない、という不安定な状態に置かれることになる。

つまり、人間関係がきわめて密着しているために、行動が西洋人のように規則的・合理的ではなく、突発的・流動的になる。じつは、このさいの突発的行動のことを、「キレる」と呼んでいるのだ。日本で自暴自棄による「ヤケクソ型犯罪」が多発するのは、人間関係が突発的・流動的だからである。

「世間」が存在しない欧米社会で、こうした突発的な人間関係にならないのは、「個人の時間意識」によって、そこに明確な個人が存在するから、どういう対人関係になるかがあらかじめ予測可能であり、関係のあり方によってしょっちゅう相手の態度が激変したりしないからだ。

日本とは異なり、欧米で無差別型の大量殺人事件がおきる場合に、その理由が人種的・民族的・宗教的な差別によるものにせよ、ヘイトによるものにせよ、はっきりとした動機が存在するように思う。それは、確たる意思をもつ個人が存在するからである。

この場合の個人とは、もちろんindividualたる個人のことであって、明治期にヨーロッパから輸入しそこねたものである。くり返すが、これは日本が、〈近代〉を輸入しようとしたにもかかわらず、〈前近代〉の人間関係である「世間」が解体されなかったために、結果として〈近代〉を通過せずに、〈前近代〉にも似た〈後期近代〉に突入してしまったことを意味する。

ようするに日本では、もともと「世間」のなかでは個人がいないために、同調圧力を受けやすく、意思決定がただ相手との突発的・流動的関係に規定され、キレたりヤケクソをおこしやすい土壌があったことになる。それが、一九九八年以降の〈後期近代〉への突入による「世間」の復活・肥大化によって、再度前景に露出してきたのだ。

「ヤケクソ型犯罪」の根底にある「宿命主義」は、人々に将来の展望や希望を描くことを困難なものとし、「世間」に「息苦しさ」や「閉塞感」を蔓延させ、自殺や犯罪を誘発する。これが以前からあった「ヤケクソ型犯罪」が、〈後期近代〉へ突入した九八年以降に明らかに目立つようになり、メディアなどで積極的に言説化されるようになった大きな理由である。

おわりに

本書でくり返しのべたように、現下の日本における最大の問題は、〈後期近代〉に突入以降の「世間」の肥大化と、それによる社会の消滅によって、同調圧力が圧倒的につよまり、「息苦しさ」や「閉塞感」がますます広がっていることである。

たとえば、昨今の新型コロナ禍によってリモート・ワークが多くなり、日本の働き方が大きく変わった。会社に行かなくていいのであるから、退社時間になって同調圧力を受けることがなく、自由に仕事を離れることができるようになった。このことで、「会社で同じ時間を一緒に過ごす」という「共通の時間意識」による「世間のルール」を、部分的にせよ壊したことはたしかである。

ところが、会社でズームなどによるリモート会議が広まると、「画面の上座には役職者や上司を」とか「退室の順序はまず上司から」といった「謎ルール」が生じることになった。これは、「世間」の「身分制」のルールによるもので、新型コロナ禍で新たな「世間のルール」として立ち上がったものだ。

また、同調圧力のつよさという点では、日本でマスクがいつ外せるかという問題が浮上している。

これまでに、ウイルスの正体がかなり分かってきたこともあり、欧米の多くの国ではマスク着用義務が解除されつつある。二〇二二年のサッカーのワールドカップでも、観戦者はほぼノーマスクだった。

ところが日本では、厚生労働省が屋外での「マスク着用は原則不要です」と、しつこくアナウンスしているにもかかわらず、いまでも外を歩く人の着用率はほぼ一〇〇％。さらに二〇二三年一月になって政府は、今後屋内外を問わず、着用するかしないかは「個人の判断にゆだねる」ことにするという。

にもかかわらず、日本でマスクを外すことは容易でないと私は思っている。なぜかといえば、欧米ではマスクの着用は、「着用義務」という「法のルール」にもとづくものであった。だから、コロナが収束して法的な義務が解除されれば、人々はすぐにマスクを外せる。

ところが日本では、マスク着用は「法のルール」にもとづくものではなく、「マスク警察」の登場に象徴されるように、「世間」の同調圧力にもとづくものであった。それゆえ、いくら政府が「外してもいいですよ」といっても、周囲のマスク着用の空気がなくならない限り、外すきっかけがつかめないからである。

それに加えて、そもそも欧米ではマスクをするのは銀行強盗くらいなもので、マスク着用の習慣はなかった。しかし日本では、戦前のスペイン風邪以降、戦後もインフルエンザや花粉症対策などで、マスク着用には抵抗感がまったくない。

これは「世間」に、「大安・友引」ルールによる「ケガレ」の意識があるために、マスクのソトは「ケガレ」ているが、ウチの身体は清浄であるという、独特の衛生観念が存在するからである。つまりマスクが、「不浄なソト」と「清浄なウチ」との間に境界線を設け、ソトの空気を浄化して清め、身体を「ケガレ」から守るとみなされているのだ。

それだけではなく、ここ十年ほど前から若者のあいだで、風邪もひいてないのにマスクを常用する、「だてマスク」が流行している。これは、なんとなく落ち着くとか、顔のコンプレックスを隠せるとか、視線にさらされない安心感があるという理由らしい。

なぜそうなるのかといえば、「世間」の同調圧力があまりにつよすぎるため、マスクで顔を隠し、匿名になることで自分を守ろうとするからである。そうなると、いったんマスク着用で得た居心地のよさは、なかなか手放せないことになり、マスクを外すのは容易ではない。

山本七平さんは、こうした同調圧力を生み出す空気のことを、「大きな絶対権をもった妖怪」だと喝破する（『「空気」の研究』）。山本さんは戦前からあった空気の支配について語っているが、〇七年になって「ＫＹ」（空気が読めない）が流行語大賞にノミネートされたことが示しているのは、〈後期近代〉への突入以降の「世間」の肥大化によって、近年「息苦しさ」や「閉塞感」がますますつよまっていることだ。

このように、日本の「世間」はとてつもなくしぶとく、つねに再生産されてゆく。いま必要なことは、同調圧力を生み出す合理的根拠のない「謎ルール」を見つけ出し、一つ一つつぶしていくことである。これは一つの例にすぎないが、こうしたことを地道に実現することで、「世間」の肥大化を阻止し、社会を私たちの側に取り戻すことができるのではないか、と私は考えている。

★

本書の出版にあたって、二〇二〇年に『加害者家族バッシング』でお世話になった現代書館の菊地泰博さんに、またまたお世話になった。この場を借りて感謝の意を表したい。

二〇二三年二月

佐藤 直樹

■著者紹介

佐藤直樹（さとう・なおき）

一九五一年仙台市生まれ。評論家。専門は世間学、現代評論、刑事法学。九州大学大学院博士後期課程単位取得退学。英国エディンバラ大学客員研究員、福岡県立大学助教授、九州工業大学教授などをへて、九州工業大学名誉教授。

著書に、『「世間」の現象学』（青弓社）、『世間の目』（光文社）、『刑法三九条はもういらない』（青弓社）、『暴走する「世間」』（バジリコ）、『暴走する「世間」で生きのびるためのお作法』（講談社＋α新書）、『なぜ日本人はとりあえず謝るのか』（PHP新書）、『なぜ日本人は世間と寝たがるのか』（春秋社）、『犯罪の世間学』（青弓社）、『目くじら社会の人間関係』（講談社＋α新書）、『加害者家族バッシング』（現代書館）、『同調圧力』（講談社現代新書、鴻上尚史との共著）、『「世間教」と日本人の深層意識』（さくら舎）などがある。

現在は、日本世間学会幹事、日本文藝家協会会員。テレビ・ラジオ・新聞・雑誌などで、ニッポンの「世間」についての発言を続けている。

ウェブサイト　http://www.satonaoki.com

なぜ、自粛《じしゅく》警察《けいさつ》は日本《にほん》だけなのか
——同調圧力《どうちょうあつりょく》と「世間《せけん》」——

二〇二三年三月二十日　第一版第一刷発行

著　者　佐藤直樹
発行者　菊地泰博
発行所　株式会社 現代書館
東京都千代田区飯田橋三-二-五
郵便番号　102-0072
電　話　03（3221）1321
ＦＡＸ　03（3262）5906
振　替　00120-3-83725
組　版　具羅夢
印刷所　平河工業社（本文）
東光印刷所（カバー）
製本所　積信堂
装　幀　大森裕二

イラスト・三村京子　校正協力・高梨恵一
© 2023 SATO Naoki Printed in Japan ISBN978-4-7684-5935-5
定価はカバーに表示してあります。乱丁・落丁本はおとりかえいたします。
http://www.gendaishokan.co.jp/

活字で利用できない方のための
テキストデータ請求券
『なぜ、自粛警察は
日本だけなのか』

現代書館

加害者家族バッシング

世間学から考える

佐藤直樹 著　　1800円＋税

加害者の家族が時には自死に至るまで責められる日本。本書では世間学の観点に立ち、加害者家族へのバッシングの構造を、①「世間」の構造、②なぜ〈近代家族〉が定着しなかったか、③なぜ犯罪率が低いのか、④なぜ自殺率が高いのか、という角度から解き明かす。

家族は他人、じゃあどうする?

子育ては親の育ち直し

竹端 寛 著　　1800円＋税

「ぼくはいまだに、とっさに子どもをグイッと引っ張る癖がある」「なぜ、ぼくはそそっかしいままで、妻は注意深くあるのだろう?」。自分の中の「仕事中心主義」や「力ずく」のやり方（＝男性中心主義）に気づき、ケアの世界にたどり着くまでの日々を綴るエッセイ。